职场高效能工作法

为你的成长赋能

熊亚柱 ◎ 著

中国纺织出版社有限公司

内 容 提 要

工作效能的提升是每个人在职场中成长的基础。本书以职场中常见的情景为例，通过案例分析，提出实用性较强的解决方案，帮助职场人解决职业发展道路上遇到的问题。从刚进入职场的小白，到成长为业内精英，针对职场人的不同阶段，本书提供了不同的职场能力提升建议。本书通俗易懂、实用性强，涉及如何汇报工作、如何搞好团队建设、如何进行自我实现等职场工作中常见的问题。

图书在版编目（CIP）数据

职场高效能工作法：为你的成长赋能 / 熊亚柱著. -- 北京：中国纺织出版社有限公司，2024.5
ISBN 978-7-5229-1597-5

Ⅰ.①职⋯ Ⅱ.①熊⋯ Ⅲ.①工作方法 Ⅳ.①B026

中国国家版本馆CIP数据核字（2024）第066979号

责任编辑：曹炳镝　段子君　哈新迪　　责任校对：寇晨晨
责任印制：储志伟

中国纺织出版社有限公司出版发行
地址：北京市朝阳区百子湾东里A407号楼　邮政编码：100124
销售电话：010—67004422　传真：010—87155801
http://www.c-textilep.com
中国纺织出版社天猫旗舰店
官方微博 http://weibo.com/2119887771
三河市延风印装有限公司印刷　各地新华书店经销
2024年5月第1版第1次印刷
开本：710×1000　1/16　印张：10.5
字数：98千字　定价：58.00元

凡购本书，如有缺页、倒页、脱页，由本社图书营销中心调换

前言

如何在职场中脱颖而出，成为纵横职场的精英呢？这是职场中永恒的话题……

职场风云无论如何变幻，始终离不开个人能力的提升。只有让自己的职业技能、工作效率、承载力都胜人一筹，个人能力凸显，才能在职场赢得更多的关注和器重，在享受工作快乐的同时，达到职业生涯的提升。

我们要为自己生活得更美好而奋斗，人的一生，应当这样度过：当你回首往事时，已经把整个生命和全部精力都充分利用了，没有虚度年华的悔恨。

在职场成长的过程中，每个人都希望自己能够快速脱颖而出，拿到自己期望中的成果，本书从时间效率入手，旨在探讨如何在工作中运用"有限"的时间去创造"无限"的价值。

本书以"效能管理"为基础，涉及职场中经常发生的各种情景，提炼出职场冲突案例，以分析问题解决问题为脉络，解决职场人成长道路上遇到的问题，从沟通汇报到呈现价值，从职业规划到升职加薪帮助读者从一位刚刚进入职场的小白,迅速成长为职场精英。

  本书的实用性强,适用于职场工作的任何人员,涉及了职场中需要的各种技能,从自我成长、效率管理、团队目标达成到职场赋能,提炼了职场工作的许多要点。

熊亚柱

2024 年 3 月

目录

第一篇 入门篇 磨炼自己

第一节 职场入门 / 2
1. 如何选择工作？ / 2
2. 如何实现职场成功转岗跳槽？ / 5
3. 如何面对有挑战性的工作机会？ / 9
4. 如何提升认知？ / 13

第二节 职场必学能力，赋能个人成长 / 18
1. 如何管理工作时间？ / 18
2. 如何管理工作情绪？ / 22
3. 如何有效解决问题？ / 27

第三节 必学的职场技能，助力工作效能提升 / 32
1. 职场如何汇报工作？ / 32
2. 职场小白如何有效避坑？ / 36
3. 如何撰写述职报告？ / 39
4. 如何运用金字塔原理构建框架？ / 44

5. 如何使用思维导图整理思路？／47

第二篇　初级篇　带好团队

第一节　中层管理者的必学技能／54

1. 如何设置工作目标？／54
2. 如何进行有效决策？／58
3. 如何成为优秀的中层管理者？／61
4. 如何避免成为"老好人"式的中层管理者？／67
5. 如何向上级请示工作方案？／73
6. 如何授权？／78

第二节　辅导下属，提升"单兵作战"能力／82

1. 如何辅导领导层员工？／82
2. 如何引领下属成长？／87
3. 如何提拔团队成员？／90
4. 如何通过专业征服下属？／96
5. 角色如何转化，成为"教练"而不是"警察"？／99

第三节　提高团队协同能力／104

1. 如何运用 PDCA 循环进行管理？／104
2. 如何有效组建工作小组？／108
3. 如何有效领导团队？／111
4. 如何匹配成员性格？／116

第三篇　进阶篇　当好舵手

第一节　组织赋能 / 122

1. 如何赋能自己、他人？ / 122
2. 如何搭建组织框架？ / 124
3. 如何有效激活组织？ / 129

第二节　实现企业战略 / 135

1. 如何制定有效的企业战略规划？ / 135
2. 如何通过召开会议执行战略？ / 139
3. 如何复盘团队战略执行？ / 144

第三节　实现自我价值 / 148

1. 如何实现财务自由？ / 148
2. 如何完成"自我实现"？ / 154

后记 / 158

第一篇 入门篇
磨炼自己

第一节　职场入门

1. 如何选择工作？

情景案例

张丽从护理专业毕业后，顺利进入了一家医院工作，这一干就是5年，后来因为要照顾孩子，就辞去了工作。一年后，重返职场，成为一家建材公司的客服人员，每天负责处理客户投诉并安排售后人员去上门服务，工作安逸还能照顾家庭。

然而，没过多久由于公司人员结构调整，张丽失业了，她想找份新工作，但此时她的护士证已经过期了，老行业回不去，她投了几份简历都石沉大海……

关键是她自己也没有职业规划，不知道什么工作适合自己，又要兼顾家庭，不能加班倒班，还要求新工作稳定有前途，如果你是张丽该怎么办呢？如果再回到从前，你会给刚入职场的张丽什么工作建议呢？

智行解析

首先，张丽对自己的职业生涯没有长远的规划，轻易地辞职，换行业发展，后期再想回医院工作，已经是比较困难了，放弃了有入职资格要求的岗位实在可惜。

其次，对人才市场的本质认知不清，要知道"钱多事少离家近"的理想工作状态是建立在个人能力基础上的。你的能力超越同行业的人，你才有自由选择的权利，才可以在众多公司中挑选待遇好的，在待遇好的公司里面选择离家最近的。

最后，任何岗位都是在创造价值，员工在工作时实现自我增值。职业选择也是如此，选择可以让自己持续增值的行业和岗位，而不是直接选择一个离家近的、轻松的却很容易被其他求职者代替的职位。通过积累让自己的事业生根发芽，否则随时可能被替代。

纵横之道

如果你刚刚进入职场，在职业生涯选择上，给大家两条建议。

（1）能学习

很多内容可以转化为钱，比如你的知识和经验，这些才是真正的财富，是你能够赚取更多钱的核心价值所在，所以你要看到这家公司是否能带给你有价值知识和经验，如果是纯粹的贡献体力和脑力，公司里没有经验资深的员工带你，特别是你的直接领导没有能力时，这样的公司不要选择。那么如何判断一家公司是不是可以学到东西呢？

①看文化：公司是否有人才培养制度，是否倡导以培养人才为导向的企业文化，从企业网站也可以看出这家企业的文化氛围。

②听弦音：在面试或是交流的过程中，可以听出来公司是否愿意培养新人。

③主动问：可以问问公司有什么培训和文化活动，领导平时比较重视哪些方面。

（2）有空间

对于新入职场的人来说，公司的发展空间很重要，这代表着未来你能在这家企业待多久，这家企业能够提供你发展的机会有多大。那么，如何判断一家公司的空间呢？

①看规模：一是人员规模，是不是有足够多的人，二是看业务范围，是不是在很多地区都有业务。

②看实力：是否有品牌竞争力或是团队竞争力，公司员工平均学历是什么，进入公司是不是很难。公司在所处行业中地位如何。

③看领导：面试时一般直接上级会跟你谈话，直接上级应有很强的上进心，工作有动力，否则，公司再有空间，所在部门的上升动力不强也不行。

这三个方面可以作为职业选择的参考，一家公司有两个及以上特征满足，则可以入职该公司。

「刻意练习」

根据自己面试公司的情况，进行实践训练，相信你一定有新的收获。

实践训练一，_____

实践训练二，_____

实践训练三，_____

2. 如何实现职场成功转岗跳槽？

情景案例

赵玲来 KX 公司担任前台两年多了，收发邮件、待人接物做得都很好。公司要新开发一个项目，公司领导觉得赵玲很不错，每天笑脸迎人，新项目缺个助理，于是询问赵玲是否有兴趣。赵玲了解到项目是发展短视频网络媒体渠道，刚好自己也喜欢拍拍视频，就欣然答应了。

然而没过几天，赵玲就听别人说："公司做了很多新项目，都很难成功，就怕新项目做不成，老的岗位也有了新人，你就没有地方去了。"赵玲想目前这份工作离家近，相对稳定。前台的工作还没有找到人，赵玲想看看新岗位的薪酬来权衡一下。但由于项目新上马，对新岗位工作内容无法有效评估，新岗位绩效考核内容迟迟没有出来，新项目负责人只说："放心，不会比你原来的工资低。"很快前台有人入职，赵玲更加着急，多次找新项目负责人谈工资的事情。

新项目负责人给出了一个大致的薪酬，只有10%的上浮。赵玲觉得工资达不到自己的预期，而且这个项目还不一定能成功。负责人说："这个新的岗位是公司给你一个机会学习成长。"赵玲觉得还是做原来的工作好，而前台的新人已经到岗，赵玲进退两难，只好去找人力资源部的负责人沟通询问是否有可能把实习期的前台辞退，自己还是做原来的工作。如果你是赵玲，你会如何面对这次新的岗位的选择呢？

智行解析

首先，赵玲从收入角度考虑得太多，忽略了新工作、新机会带来的学习平台和人脉资源，只看到眼前的利益，看不到未来的收益，迟迟不能下决心做出决策，才导致当下的困局。

其次，赵玲的反复和犹豫不决，导致领导对她以往的认可度下降，以后大概率不会再考虑给她机会了，应了那句话："机会一旦错过就不再"，实在可惜。

最后，要知道企业是竞技场，每个人要选择不容易被替代的岗位，让自己成为不可或缺的人。相对前台来说，项目助理更具有含金量，不是随便一个人就可胜任的。赵玲应该选择去挑战那些使自己不断增值的岗位，才是真的安稳。公司能淘汰一个人，但是不能淘汰一个人的能力。时刻要记住，竞技场中自我价值增值才是自己的护身符。

纵横职场

面对重新选择职位的机会，无论是公司内部还是外部，都应该遵循以下原则与技巧。

（1）跳槽要往高跳

重新选择岗位，无论是公司内部还是外部，都要让自己从低的岗位跳到高的岗位。记住是岗位高，而不一定是工资高，到更高的岗位上，意味着自己要做更大的事情，整合更多的资源，承担更多的工作任务和责任，锻炼个人的能力，有了能力才能做出更好的成绩，所以跳槽的核心就是要往高处跳。基本岗位跳槽路径如表1-1所示。

表1-1　职员成长路径参考

职员成长选择路径参考	员工晋升路线
导购—店长—督导—经理—总监	业务员工晋升路线
职员—助理—经理—副总监—总监	行政员工晋升路线
工人—主任—项目经理—生产总监	生产员工晋升路线
人事助理—人事专员—人事主管—人事总监	人力资源员工晋升路线
剪辑—编导—项目经理—项目总监	新媒体员工晋升路线

（2）有机会多转岗

在不同的岗位上工作，可以获得不同岗位的知识。例如一位员工从销售负责人转到培训部，负责"卓越绩效管理模式"的认证推广工作，卓越绩效管理模型如图1-1所示。他的收入虽然下降了，但是他的收益比以往多很多。因为，原来他只会做销售，在新岗位上他学到了全管理模块，为自己以后创业打下了良好的基础，后来他自己创业经营比较成功，应该说是得益于他的转岗工作机会。

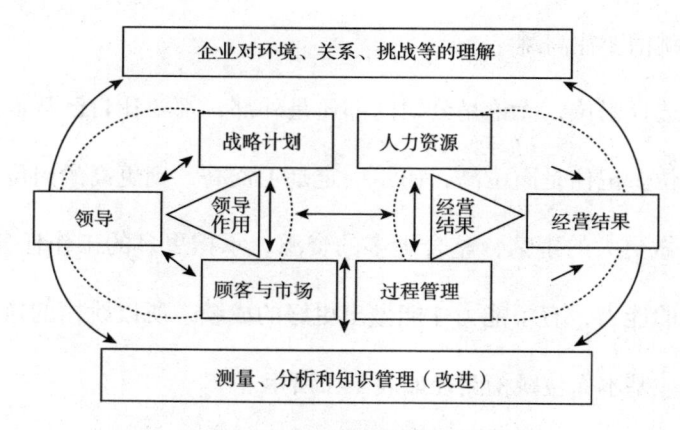

图1-1 卓越绩效管理模型图

（3）为薪水而跳槽要慎重

虽然不建议因为薪水提升去跳槽，但不可否认这是当今职场中，通过跳槽获取升职加薪最普遍的路径。建议要在一个岗位和职务上做到顶尖，这期间要学习的东西很多，而随着自己能力的提升，薪资也会得到提高。

「刻意练习」

根据自己的情况，进行相关实践训练，相信你一定有新的收获。

实践训练一，_____

实践训练二，_____

实践训练三，_____

3. 如何面对有挑战性的工作机会？

情景案例

王鑫进入公司旗舰店做店长助理，工作内容为收集材料、开会准备、决议追踪等事宜。看着大家由于市场环境不好，销售压力大，王鑫感慨还好自己没有业绩指标考核。

半年后，店长被竞争对手挖走，店里的王牌销售也被带走了，突如其来的变故让他手足无措。这时总监找到王鑫说："你入职也有一段时间了，日常工作做得也很好，现在公司一时间也找不到合适的人，要不你试试代理一下店长职务？"王鑫连忙说："我对销售工作流程不熟悉，对产品也不熟悉，应该没有办法胜任这份工作……"总监说："你思考两天，写份店面运营计划给我,我看一下。"

王鑫思来想去,认为店长责任重大,万一做不好,影响部门业绩和公司战略达成,觉得压力太大。尝试着写店面运营计划也写不出来,只好无奈找到总监说:"我能力有限,您让公司人力资源部找合适的人吧,我还是干好我本职工作就好。"总监无奈地感叹:"本来想给你一个锻炼的机会,唉,我让人力资源部抓紧招聘。"

如果你是王鑫,你会如何选择?会选择迎难而上吗?你将如何在工作中磨炼自己?

智行解析

(1)珍视领导的信任,自信面对机遇

在职场中,当领导将某项任务交给你时,这背后往往是基于对你过往工作表现的充分认可和对你能力的信任。他们不会随意指派任务,而是在经过深思熟虑后,认为你具备完成任务的潜力。因此,当机会来临时,你应该自信地迎接挑战,而不是让不自信阻碍你前进的脚步。要知道,领导的信任实际上是一种责任共担,他们愿意为你的成长和成功承担责任。因此,不要辜负这份信任,要勇敢地抓住每一个机会,展现自己的能力和价值。

(2)勇于尝试,积极寻求帮助

当面对新的机会时,不要害怕尝试。要知道,只有尝试过,你才能知道自己是否真的适合。在尝试的过程中，可能会遇到困难和挑战，但这也是学习和成长的机会。不要害怕寻求帮助，因为每个人都有自己的不足。通过向他人请教和学习，你可以更快地掌握新知识和技能，更好地适应新的工作。如果经过尝试发现自己确实不适合某项工作，那么及时与领导沟通，表达自己的想法和顾虑，并愿意做好工作交接和协助招聘等后续工作。

（3）在实践中学习，不断成长

职场是一个不断学习和成长的地方。不要等完全准备好再行动，因为机会往往稍纵即逝。当机会来临时，要勇敢地抓住它，并在实践中不断学习和提升自己。通过不断地尝试、反思和总结，你可以逐渐发现自己的优势和不足，并找到适合自己的发展方向。同时，也要保持开放的心态和积极的态度，勇于突破自己的思想和行为限制，不断挑战自己并超越自己。只有这样，你才能在职场中不断成长和进步，实现个人和职业的双赢。

纵横职场

（1）遇到困难，迎难而上

时刻提醒自己，凡是遇见相对困难的工作，就是锻炼自己工作能力的机会！当然，有的人会担心自己的能力不足；但是只要有"舍我其谁"的勇气，然后想办法，找资源，学技能，万事可成。

（2）责任越大，能力越大

是的，你没有看错，蜘蛛侠里的名言"With great power comes great responsibility（能力越大，责任越大）"，然而在现实工作中，往往是你先主动承担了更大的责任，推动自己去学习，才能把能力锻炼出来。

承担更大的责任是对自己最好的磨炼，如同你举杠铃，要通过不断地增加举杠铃的频次和重量，使自己的肌肉强壮到可以举起120公斤杠铃的程度，你才拥有了举起120公斤杠铃的能力。所以说："自己想要承担的责任越大，能力才能越大。"

（3）投入时间，快速学习

工作的时候，一定会遇到当下不会的内容或是技能，那么就下定决心投入时间，快速学习它。与其空想，不如先投入20小时学起来，在学习中磨炼自己。以后遇到任何问题都会勇往直前，不会就学，学了就做，做中学，学中做，永不退缩。

（4）选择挑战，不断探索

人的一生，可以选择很多种生活方式。中国古代传统思想讲求"穷则独善其身，达则兼济天下"。与成功相比，不断成长的工作历程更令人难忘。作为员工，在工作中接受历练、选择挑战、不断探索，就像科学家在自然科学领域探索一样，发现价值和创造价值都意义非凡。

「刻意练习」

根据自己所在公司的情况，选择适合自己的方法，进行一个月的实践训练，相信你一定有新的收获。

实践训练一，_____

实践训练二，_____

实践训练三，_____

4. 如何提升认知？

情景案例

苏一鸿毕业后进入一家咨询公司，刚开始没有被安排具体的工作。一天，他随口问一位资深同事："最近在做什么项目？"同事说："做一个小单子，30万。"苏一鸿吓一跳，感慨道："30万还是小单子，我现在的工资三年也赚不到啊！"

在公司工作的两年时间里，苏一鸿参与了公司百万级别的X项目、千万级别的Y项目和Z项目，走南闯北，马不停蹄。苏一鸿在自己的努力和同事的帮助下，顺利成长为项目经理。最近谈了一个SN项目，用30分钟电话就搞定了60万的小订单。这时苏一鸿也明白了同事说的"小单子"的含义。

再后来，苏一鸿自己创业做咨询顾问，跟同学聚会聊天，都会谦虚地说：“我最近服务的都是小企业，营业收入在三个亿左右。”每当这时，小伙伴都惊讶地表示：“三个亿还是小企业？！”苏一鸿也比较诧异，因为他觉得做过的企业营业收入平均在十个亿。当他聊起国家政策导向，市场规划，未来哪些地区有发展前景，国家支持什么项目时，同学根本不了解，苏一鸿感叹，职场认知不同，做的事情和说话的语言体系都不同了。你能知道为什么苏一鸿的认知和他的同学不同吗？

智行解析

认知不提升，行为就会原地踏步。三年前的苏一鸿可能跟三年后同学的认知一样，在没有进入职场的时候，大家都是一张白纸，一旦进入职场，不同的工作环境带给员工的认知改变是完全不同的。基层员工和公司领导是完全不同的思维模式，大企业和小企业盈利模式更是天差地别。

在职场中，找到跟自己认知同频的人一起去做喜欢的事情就是职场工作的核心。

纵横职场

（1）你永远赚不到你认知范围以外的钱

所以在职场当中，每天工作的首要任务就是提升认知，突破自己的认知壁垒，否则工作3年还是5年都没有差异，对自己的职业生涯来说都没有任何价值。所以要不断提高自己的视野，在更大的平台和空间里，才能获得更多的价值。同样，企业认知不同盈利模式也不同。

举例：企业赚钱的五层思维模式如下所示。

①成本领先：也就是强调性价比，如何使成本比其他企业低，这样卖同样的价格，能赚得更多。是否考虑扩大规模，运用"规模效应"使原材料成本降低，那样企业能够获得竞争优势，如同福耀玻璃的策略。是否考虑通过"流程再造"，提升效率，让生产成本降低，如同福特汽车的成长过程。

②细分领域：找到一个细分人群，生产的产品能解决这部分消费者的需求，比如，只做老人吃的钙片。总之，细分人群，细分品类，提高细分领域的市场占有率。

③品牌思维：要把商品变成品牌，品牌能够抢占消费者的心智，如提及王老吉就想到凉茶，提到百度就想到搜索引擎，提到格力就想到空调。

④平台模式：平台型模式，把卖家买家连到一起，你们只要交易我就赚取提成，任何品牌都要在我的平台上交易。

（2）持续学习，提升认知

每一次提升自己的认知，就是更新自己的头脑，让自己看到更广大的世界，不断总结完善自己。员工要学习，企业作为一个经营体也要学习，找到自己的优势和竞争对手的劣势，让自己立于不败之地。作为职场人应该关注所在企业在行业竞争中的地位。锻炼自己从老板角度思考问题的能力，关注行业中企业竞争的态势，并多作分析。

（3）做难事必有所得

一定要去做对自己有一定挑战的工作。

（4）职场洞见进化

自律和学习只是基础的操作，在任何时候，洞察市场，分析自己周围的环境，提高自己的眼界，看到别人看不到的东西，分析国家或企业发展的规律，按照它们的周期规律办事才能顺势而为，每天都在成长和进步，时刻准备着机会的到来。

（5）练习走出舒适区

要相信自己突破自己，走出工作和认知的舒适区，做"刻意练习"。刻意练习的过程就是走出舒适区的过程，要从"舒适区"去寻找自己可以承受的"学习区"，在"学习区"通过大量练习，不断地得到正向反馈，提升认知，最后让"学习区"变成新的"舒适区"，我们就实现了头脑的升级。不过还需要不断强化，不断让自己进入"学习区"，让自己实现螺旋上升，如图1-2所示。

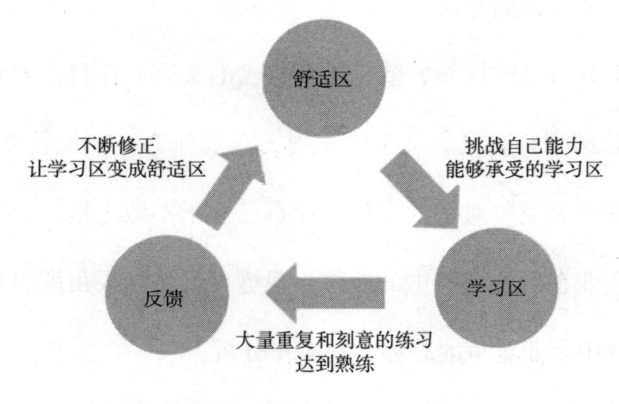

图1-2 刻意练习走出舒适区

「**刻意练习**」

从今天开始一定要跟比自己认知层面更高的人交流，练习与认知层面更高的人接触的技能，不断提高自己的认知。

实践训练一，_____

实践训练二，_____

实践训练三，_____

第二节 职场必学能力，赋能个人成长

1. 如何管理工作时间？

情景案例

小钱毕业后进入 MK 公司任职销售总监助理，平时的工作就是整理资料，写总结文案，由于小钱文笔不错，公司总经理也经常找他写发言稿。小钱工作也很认真努力。

然而，后来小钱工作越来越多。一线销售的总结 PPT，总是写不好，被销售总监批评，也来找小钱帮忙。销售总监把所有的资料和数据都给到小钱，这时公司总经理临时让小钱写节日祝词，小钱觉得总经理的任务更重要，就去赶稿，然后销售总监却旁敲侧击告诉小钱要抓好自己的工作重点，不能随心所欲地做事情，应该做好该干的工作，之后再安排其他的工作。

小钱很委屈，认为总经理交代的工作任务，自己还能不执行吗？难道多干还多错吗？小钱对自己的定位产生了怀疑。如果你是小钱该如何管理自己的工作时间呢？

智行解析

首先，小钱在工作中盲目打杂，不懂拒绝。授人以鱼不如授人以渔，销售人员的工作总结，应该以教为主，指导为核心，这样才能提高工作效率，节省时间。的确如销售总监所说，要先做好本职工作。总经理的事情必须得做，也应该积极去做，但是要让销售总监知道你把现有的工作做完了。如果临时有其他工作安排，应该争得上司同意和支持。

其次，享受自律后的自由，自己主宰自己的快乐，康德说："所谓自由，不是随心所欲，而是自我主宰。"你是否能够控制自己的行为和欲望，做自己身体和精神的主人，而不是受外在环境的波动。每个人的时间价值不同，把自己的时间倾注于对岗位最有价值产出的地方，才是上策。

纵横职场

要想有效安排自己的工作，推荐掌握以下管理时间和事件的方法。

（1）34枚金币管理法

一天共有24小时，除去睡眠的7小时，我们还剩下17小时。把"半小时"等价于"一枚金币"，于是全天我们拥有34枚金币。每次在"半小时"内只做一件事，每用掉半小时，就表示花掉一枚金币，就像"记账"一样，如图1-3所示。

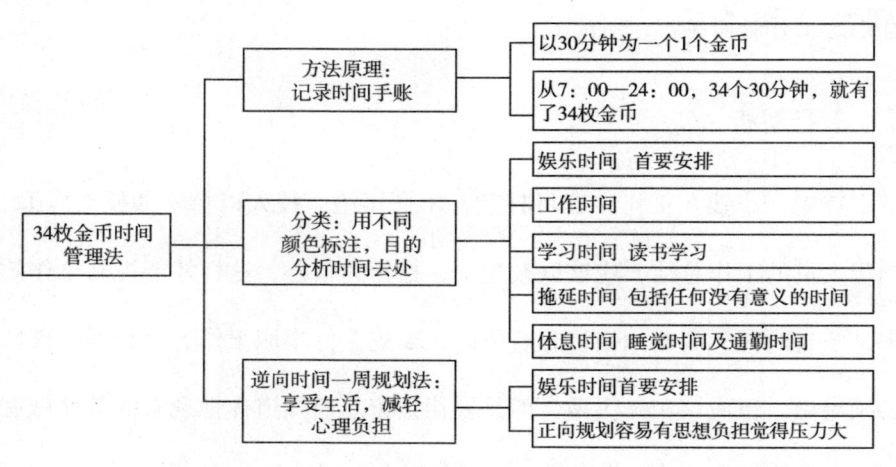

```
                    ┌──────────────┐──── 以30分钟为一个1个金币
                    │ 方法原理：    │
                    │ 记录时间手账  │──── 从7：00—24：00，34个30分钟，就有
                    └──────────────┘      了34枚金币

                                    ┌──── 娱乐时间  首要安排
┌──────────────┐  ┌──────────────┐ ├──── 工作时间
│ 34枚金币时间 │──│ 分类：用不同  │ ├──── 学习时间  读书学习
│ 管理法       │  │ 颜色标注，目的│ ├──── 拖延时间  包括任何没有意义的时间
└──────────────┘  │ 分析时间去处  │ └──── 体息时间  睡觉时间及通勤时间
                  └──────────────┘

                  ┌──────────────┐──── 娱乐时间首要安排
                  │ 逆向时间一周规划法：│
                  │ 享受生活，减轻    │──── 正向规划容易有思想负担觉得压力大
                  │ 心理负担        │
                  └──────────────┘
```

图1-3　34枚金币时间管理法

（2）封闭时间法

给自己封闭一个大块的不被打扰的时间，用来处理需要集中精力思考的事情。

（3）使用App管理时间

运用以下相关App，让自己的时间管理数字化。

①时间块App。非常适合发现和记录自己的时间，它的操作特别简单。根据自己做的内容，选择30分钟的方块，用了多少选多少，记录后就可以清晰地发现你的"时间都去哪里了"。然后根据统计数据调整自己的行为，就可以实现有效的时间管理。

②番茄时钟App。利用25分钟一个时间段来集中自己的注意力，每

天以专注了多少个番茄钟为目标，让自己所有时间都在专注的过程中，自然就不会浪费时间了。

（4）事件分割法

事情是做出来的，不是想出来的，把事件像"切比萨"和"剥洋葱"一样分割开来处理。

①切比萨。把一个任务分割成不同的部分，然后一个个去处理，属于"化整为零"，各个击破，适用于处理整体关联不大的事情，假如工作是写一份报告，则不适用。

②剥洋葱。适合做整体性强的事情，洋葱是一个整体，要一层层剥离。先把具体工作的框架思路搭好，再补充各部分细节内容，最后完成工作。

（5）学会外包

珍惜自己的时间跟精力，不要什么工作都抓，自己本职工作要做好，需要团队合作的工作要分配给别人或者外包出去。

「刻意练习」

根据自己所在公司的情况，选择适合自己的方法，进行一个月的实践训练，相信你一定有新的收获。

实践训练一，＿＿＿＿＿＿＿＿＿＿＿＿＿＿＿＿＿＿＿＿＿

实践训练二，＿＿＿＿＿＿＿＿＿＿＿＿＿＿＿＿＿＿＿＿＿

实践训练三，＿＿＿＿＿＿＿＿＿＿＿＿＿＿＿＿＿＿＿＿＿

2. 如何管理工作情绪?

情景案例

李欣刚刚进入职场不久，在一家大型科技公司工作，收入也还可以，项目也很多。他在大学时成绩优异，拥有出色的编程技能和高度的自信。然而客户给他泼来了一盆盆冷水，经常需要调整他做好的内容。于是负面情绪时常萦绕着他。终于有一天因为一件小事情，李欣跟客户吵了一架。

事后主管带头向客户赔礼道歉，好话说尽。过后主管复盘项目情况时，当面批评了李欣，认为李欣严重损害了公司形象。李欣觉得十分委屈，明明是对方不懂装懂，无理取闹，自己一时没忍住而已，怎么就是自己的错了，打工到这个份上还不如回家躺平了。一时两人之间的火药味十足，主管迫于他技术还算好，又是用人的关键时刻，就忍下来，但心里很不舒服。

如果你是李欣，你该如何调整情绪，积极应对以上工作情景呢?

智行解析

工作中情绪化是不可取的。无论是对自己公司的同事还是对客户，大家都是为了工作，并没有本质的冲突，只是利益和出发点不同。不好的情绪只会让工作更加混乱，对于解决问题没有任何帮助，发脾气也是极其不成熟的表现。

无论你觉得自己有多强，你都是团队的一分子，在职场中不能孤立存在，也不太可能在没有团队中其他人或公司其他部门同事的配合下独立完成工作，所以积极配合他人，进行技能和角色的补位才是王道。

纵横职场

负面情绪在职场中会引发一系列问题，导致与领导、同事、客户之间的关系紧张、项目延误以及自己的职业前景受到影响。为了解决这些问题，大家可以采取以下措施。

（1）自我认知和反思

首先要认识到自己有负面情绪的存在。个人可以通过写工作日志的形式，分析自己的情绪和行为。

① "我今天工作中有哪些收获，哪些方面可以再努力？"

② "我是否在与客户、同事和上司进行的沟通中表现良好？"

③ "在当下的工作中我还有哪些事情可以做得更好，让项目顺利

进行？"

古语有云"吾日三省吾身"，可以通过反思自己的行为和思维来了解这些问题的根源，积极地去改善现状。

（2）接受反馈和改进

可以跟同事进行良性互动，积极寻求同事的反馈帮助处理个人的负面情绪。同事会提供很多暗示性的提醒，比如：

①"你最近感觉怎么样？"或"有什么让你烦恼的事情吗？"表示关切。

②"你可以的！"或者"相信自己，你能够克服这个挑战。"表示鼓励。

③"如果需要任何帮助，随时找我。"或者"我可以做些什么来支持你？"表示支持。

④"我以前也有过类似的情况，我是这么处理的……"表示要给你一些经验分享。

⑤"你可以找×××谈一谈，他比较专业，或许可以帮助到你。"表示找人帮忙吧。

重要的是我们要能够收集和分析到这些信息，并实践改进。

（3）学习合作和沟通技巧，避免产生负面情绪猛兽多独行，有些能力强的人不合群，但职场恰恰是需要合作共赢的地方，所以学会更好地与同事合作，尊重他人的观点，并有效地沟通，避免因为沟通问题产生负面情绪，这将有助于改善工作关系和提高工作效果。平时多用以下语言进行沟通。

①"我们可以一起找到解决方案"，而不是"这个问题太难了"。

②"我们可以一起完成这个项目"，而不是"这是你的任务，你去完成"。

③"我承认我的错误"和"我将采取措施解决问题"，而不是大家都有责任。

④"这个方面可以改进的地方是……"提供建设性的反馈。

⑤"你怎么看？"或"你有什么建议？"等提问方式。

（4）管理工作情绪

要学习应对工作情绪的技巧，可以用冥想或深呼吸，以便更好地处理工作中的不确定性和挑战，让自己情绪稳定，才能有好的工作状态。在自己情绪要失控的时候，运用以下小技巧进行调节：

①深呼吸：深吸气，然后慢慢吐气，专注于呼吸的节奏，以减轻紧张感。

②冥想练习：可以帮助你集中注意力、降低压力水平和提高情绪稳

定性。

③自我按摩：通过自我按摩来缓解身体的紧张感。

④听音乐：听你喜欢的音乐可以舒缓焦虑情绪，减轻紧张感。创建一个音乐播放列表，随时听取放松。

⑤阅读：阅读是一种放松的方式，可以帮助你逃避日常压力，进入一个不同的世界。选择一本你感兴趣的书籍来放松自己。

⑥手工艺品：绘画、手工艺或其他创意活动可以让你发泄情绪并提高创造力。

⑦与家人交流：与亲密的人倾诉情感，有助于减轻压力。

⑧爱自己：确保你得到足够的睡眠，均衡饮食，喝足够的水。

「刻意练习」

根据自己的职场现场，结合同事的反馈，排查自己的负面情绪和行为，让自己不断成长一个职场生存和成长的强者。

实践训练一，_____

实践训练二，_____

实践训练三，_____

3. 如何有效解决问题?

情景案例

公司决定将服务业务外包给第三方平台机构,荣总监已经和第三方机构达成了初步共识,其他具体事宜让王经理负责洽谈执行,王经理觉得这是公司对他的信任,于是,积极努力做好协调工作。

然而,多次商务的合同洽谈,始终无法在公司财务部和法务部通过,为了防范风险,公司在扣留该服务业务顾客全部预付款后,同时还要求第三方机构提交10万元的保证金。第三方负责人对此很为难,认为王经理方公司能够提供的就只有顾客需求信息,从洽谈到施工都是第三方机构负责,风险第三方机构承担,钱却在王经理方公司的账上,第三方机构已经答应顾客付款先给王经理方公司50%,工程验收合格后再给剩下的50%,这本身就是押金,还收保证金十分不合理。且第三方机构都搬到王经理方公司来办公了,平摊办公费用,是很有诚意的合作。

王经理听后觉得很有道理,找到荣总监,希望领导同意第三方的请求，荣总监说："你看看同行都是这么操作的，我们只能跟公司相关部门商量决定，我也不能直接同意啊！要有客观的依据啊！"

王经理叫苦不迭，该业务目前在行业内没有这样合作的模式，荣总监也不能决定，第三方团队此时已经搬来公司，万一合作不成，又要重新找合作方，如果你是王经理该如何处理呢？

智行解析

首先，这个问题的核心不是一个合同条件的问题，要看到条款不能达成一致的本质是跟第三方合作的"价值定位"出了问题，到底这次跟第三方的合作价值核心是什么？是赚更多的利润，还是通过第三方辅助达成销售的目的，如果希望有更多后续合作，当然需要宽松的政策。

其次，内部的"共识"沟通会议没有开，大家没有共同对待这件事情的认知，只是领导说了一句就去做了，其他人的想法呢？有没有做好相应的"价值沟通"，明确这次合作的意义，这样才能方便大家合作。

最后，作为事件核心推动者的王经理，自己也应该有自己的主见，不能只是单纯地做"传声筒"，要拿出自己的担当和魄力，去找到相关人员，告诉他们自己的决策，希望他们认同。

纵横职场

一件事情出现后，很多人提不出来问题，找不到好的方向，后面的方案就无从下手。解决问题的方法很多，但路径基本一致，而且要根据不同情况，进行灵活的应对，才能有效解决当下遇到的问题。

第一步，发现诊断问题：很多问题不是我们表面看到的那样，看似是一份合同没有签订，实际上背后是价值链没有打通，没有把握住这件事情的本质，导致了后面一系列问题的产生，最后没有达成预期。所以要用一双慧眼去挖掘和判断到底什么才是真正的问题，问题背后的问题，多问几次为什么。去深入探究，才能找出背后的真正原因。

第二步，设定具体课题：挖掘找到问题之后，要设定具体的课题进行解决。例如，企业离职率高，设定的课题是："如何增加薪酬水平？如何构建良性的企业文化？如何加强中高管的领导力培训？"也就是说，对于问题的解决有多条路径和方法，我们要选定课题才能进行下一步操作。

第三步，列举可行方案：针对相应课题，列出解决方案，解决方案一般包括目标、步骤、成果和预算，从方案中我们可以清晰地看到做这件事情的价值和我们所要付出的成本，以便于团队共同研讨评估方案的可行性。

第四步，选择评价方案：相关专家和领导人员评估方案的可行性，选择最优的路径，一般评价方案从"可操作性"和"投入产出比"来做衡量。

第五步，实施解决策略：最后按照时间节点进行推进执行，同时收集信息做有效的反馈，一旦出现不良情况，可以及时终止或改进方案，拟订新的课题，重新执行。

对于职场精英来说，解决任何问题的核心流程就是做一份简洁又成熟的解决方案，再按步骤去沟通，才有利于把控全局，有效解决问题，可参考以下模版如表1-2所示。

表1-2 服务公司第三方合作事宜执行方案思考（研讨版）

价值目标	"服务公司"的定位，结合公司利益和第三方利益双赢的角度，做出以下思考，并拟定执行目标： ①服务公司对于公司的价值定位，是做利润体还是配套服务作用； ②作为公司的利润创造部门，一定要有销售和创收能力； ③构建公司和第三方合作的机制，促动更多的第三方与公司合作
做事步骤	为达成目标，需要做的具体事情和步骤如下： ①跟公司领导交流，服务公司未来发挥的价值和作用； ②跟第三方交流他们的预期想法，希望避免出现的相关时间； ③现有共识，拟定初步相关合同条款； ④跟公司领导及相关部门（人事、财务、法务、第三方）交流开展工作需要配合的相关步骤，包括但不限于销售流程、服务流程、验收流程、付款流程、紧急情况处理流程、客户投诉流程、客户满意度确认、业务发展扩大流程、双方支持和信任的其他事宜； ⑤达成共识后，签订相关文件，介绍人员到全公司，以便于有利配合； ⑥相关任命和进入公司管理系统，发布通知公告，电话等； ⑦年任务目标及达成计划方案（负责人：×××）； ⑧如何配合公司开仓大促，推动业绩达成； ⑨其他
拟定成果	①构建初步的"第三方"合作机制，探索多渠道多平台合作； ②构建自己的评估、验收体系，提升服务公司服务质量和品质； ③激发现有人员活力或优化成本，促进人效提升； ④新机制下制订《服务公司运营管理手册》

续表

相关预算	人员时间投入：两场会议，一次1.5小时左右；预计会议召开日期×月×日 运营费用投入：商务宴请 固定设备投入：场地费用平摊 智力学习投入：无
备注：将问题解决方案，分解到四个模块中，便于自己思考，也便于跟领导探讨，争取达成一致，高效执行。	

「刻意练习」

根据所在公司的情况，选择适合自己的方法，进行几个月的实践训练，相信一定能有效提升你解决问题的能力。

实践训练一，_____

实践训练二，_____

实践训练三，_____

第三节 必学的职场技能，助力工作效能提升

1. 职场如何汇报工作？

情景案例

由于公司发展要求，小王和小李应聘进入公司新媒体项目组，在项目总监的带领下，积极工作。一个月后，公司领导要求项目组进行阶段性工作总结，项目总监让大家分头准备，先内部预演，然后在8月16日召开的"新媒体发展阶段会议"上展示。内部预演时小王汇报得很好，小李却只做了三页PPT，而且状态明显不对，一问才知道，原来他并没有认真准备，总监只能帮小李梳理到差不多的地步。

会议当天，小王由于准备了业务数据和分析内容，讲解了30分钟，领导们听得也很认真。轮到小李时，他打开PPT就从项目背景目的开始讲，没有重点及需要领导反馈的决策点，由于他一直没有讲到重点，领

导露出不耐烦的表情并说:"我来问,然后你翻到某一页PPT,来回答就好……"面对领导的提问小李回答得很不流利,也并没有答出关键点,领导没有问几句,就开始讲解自己的观点和看法,对小组未来的工作方向进行布置。

会后,小李找到总监交流,表达不满意:"我还没有讲完,领导就要我们改变工作方向,这不是瞎指挥吗?"如果你是小李的总监会如何评价这次的工作汇报呢?你会如何辅导小李进行下一步的工作呢?

智行解析

首先,不要为了汇报而汇报:汇报一开场,小李就直接打开PPT,讲述汇报的背景目的,又不说需要领导反馈的决策点。这个时候只要留意看,领导开始频频打断汇报,或者已经开始走神了,这时就必须调整自己的思路。好的汇报能让领导带着清晰的思路去听,领导自己的思路清晰了,才能觉得你的思路跟他一样清晰。

其次,没有思考不是汇报:领导问小李问题,小李不假思索地赶紧回答,这样并不好,没回答出关键点,领导就会觉得你工作干得不好。汇报时,要先听清楚领导的问题,或者顺势反问确认一下您是不是在问这件事儿,再整理思路回答。

最后,不要忘了老板才是本次汇报的用户:汇报的时候,不能按照自己准备好的PPT从头到尾坚持念完,不看领导表情,直到领导没有耐心了。汇报时，你的用户是听汇报的领导，因为他做决策，给资源，最终决定员工的晋升，所以汇报的目的不是把汇报讲完，而是让领导听懂，这样他才能够帮你推进工作。

纵横职场

（1）每场汇报都是机会

在职场里，应该把每一次汇报都当作对自己的一次提升机会来把握，无论正式还是非正式，因为领导都在时刻发现着人才，考察着每个员工的闪光点。互动中，如果能够给领导留下工作能力突出的印象，有任何晋升机会的时候，领导都会优先考虑你。

（2）核心要点前置

把最有吸引力的点放在最前面，把自己汇报的整体思路和关键点在PPT的前三页就讲清楚，然后往后延展，如果是罗列工作内容，让领导自己去挑重点就是最失败的报告。所以核心要点前置，领导就能知道汇报思路，万一领导有事情走开，也知道你整体讲了什么内容，便于留下整体好印象。

（3）数据说话

汇报时要讲数字，什么时间之前完成了多少的绩效目标，以新媒体工作为例，如表1-3所示。

表1-3 新媒体工作员工汇报数据示例

新媒体目标	阶段性考核成果	完成情况
IP达人数量	2位	
孵化蓝V账号数	10个	
主营账号粉丝数	5万	
留客数量	300客资+	
短视频作品传播量	传播量超千万	
直播时长	200小时	
新媒体课程开发数	16节	

（4）汇报时间控制

汇报的时间控制在半小时为宜，前5分钟概括总体的亮点，后面20分钟是你的论据和分析，最后5分钟再做整体总结回顾，这样的汇报结构使整个汇报思路清晰、有理有据，汇报时间分布如表1-4所示。

表1-4 员工汇报时间分布

时间	内容要点	所起作用
5分钟	工作成绩总括和亮点	防止领导疲劳或有事离开
10分钟	详细阐明某问题的解决过程	让领导知道你解决问题的能力和思考问题的思路
10分钟	详细说明过程的收获和成绩	让领导了解成绩是你努力的结果
5分钟	总结亮点成绩，并说明下一步行动计划需要的支持	获得领导信任和下一步工作的支持

「刻意练习」

根据自己所在公司的情况，选择适合自己的方法，进行一个月的实践训练，相信你一定有新的收获。

实践训练一，_____

实践训练二，_____

实践训练三，_____

2. 职场小白如何有效避坑？

情景案例

王涛进入某大型互联网公司工作，很是开心，初期工作很简单，是将其他同事写好的邮件集中分发给内外部商家，告知其培训信息。工作没几天，王涛发的一条《如何规避公司的××规则》帖子在内部系统十分火爆，于是引起了很多部门的关注。该帖子被举报其中的"规避"字样违反公司价值观。

于是，部门的领导被上级部门及人事主管叫去"谈话调查"，王涛感觉自己只负责分发邮件并没有什么错误，就没有在意，然而在年底绩效考核当中，人事部联合直接上级领导说："你今年犯过一个错，本来可以评优秀，现在只能评价一般了……"原来指的就是刚入职时的帖子事件。

王涛就很纳闷，自己只是将别人写好的邮件集中分发而已，文章又不是自己写的，难道自己也有错？为什么也受牵连，真是进入职场到处是坑，"躺着也能中枪"。如果你是王涛能理解这件事情吗？作为职场小白应该如何规避呢？

智行解析

帖子中的"规避"字样违反了公司的价值观。公司通常都有一套明确的价值观和行为准则，员工需要遵守这些规定。

王涛作为公司员工，其行为代表了公司的形象和利益。他转发的帖子被外部商家和合作伙伴看到，影响商家对公司的信任和好感度。因此，公司需要对这种行为进行管理和约束，才能维护好公司形象。

由于王涛的行为被认为违反了公司价值观，这在他的绩效考核中留下了不良记录。尽管他认为自己只是负责分发邮件，但他的行为客观上违反了公司价值观，公司作出降低绩效评价的行为是合理的。

纵横职场

想要纵横职场，左右逢源地处理事情，不"踩坑"，建议从以下几点出发。

（1）认知公司价值观和行为准则

在入职之初，应该认真了解公司的价值观和行为准则，确保自己的行为符合公司的要求。如果有任何疑问，可以向直接上级或人事部门咨询，让自己的行为规范彰显公司的价值观，真正成为公司行为的代言人。

（2）增强职场敏感度

作为职场新人，需要增强自己的职场敏感度，在遇到不了解的情况时，应该谨慎处理，避免因为自己的无知而触犯公司的规定，造成公司和个人的双重名誉或是经济损失。

（3）主动帮助别人

帮助别人能获得的收益是最大的，在工作锻炼中才能成长，在帮助别人的过程中、能了解公司更多的业务自己也能快速融入团队，赢得自己的一席之地。

（4）听前车之鉴

公司内部会有一些培训，培训中会涉及以往反面案例，可以了解并在工作中避免发生相同的事情，比如，某公司员工利用公司的漏洞以权谋私被辞退。客户员工自己就是网络安全部门的人，发现漏洞应该上报，结果利用职权为自己谋私利。所以，我们从以往的案例中就会知道公司的红线，以及公司处理结果这样就不会犯低级错误。

（5）关注自己成长

工作中绝对不犯错误是不可能的，你可以把"踩过的坑"，当作一次自己成长的机会，只有在不同的困难中磨炼自己，才能练就应对任何工作情境的本领，为未来工作"零错误"打下坚实的基础。

第一篇 入门篇 磨炼自己

「刻意练习」

根据自己所在公司的情况，选择适合自己的方法，进行一个月的实践训练，相信你一定有新的收获。

实践训练一，_____

实践训练二，_____

实践训练三，_____

3. 如何撰写述职报告？

情景案例

刘玉在学校里就很优秀，经常给校支部写一些文章，文笔也不错，加入 KX 公司后从事行政工作，平时工作之余还会花时间写点公众号文章，并且常常得到大家的称赞和夸奖。最近，刘玉的试用期即将结束，人力资源总监让她写一份述职报告，公司要行政审批，以便于对她评估考核。

刘玉很是重视，看着窗外的灯光，想着手头的工作，万家灯火下还在工作的自己，刘玉突然想起了那句"衣带渐宽终不悔，为伊消得人憔悴"，于是文采斐然的 3000 字报告一气呵成，把自己加入公司后的感受、熬夜

39

加班的辛苦都体现在了报告中，并在完成后交给了总监。

人力资源总监看过批评道，"你这是干什么呢？你要写你干了什么工作，至于你的情感我也认同，但是没有干活我怎么给你审核通过啊，你要有干货，把你的修饰词全都去掉后只剩下加班，你加班还浪费公司电费了呢？而且效率不高，我只能这么理解，你回去重写……"

刘玉为此很委屈，认为自己写的都是事实，自己的成绩大家也看得到，怎么就不行？如果你是刘玉会怎么写一份合格的"述职报告"呢？

智行解析

首先，述职报告不能瞎编，一定要根据实际情况、相关数据进行编撰，企业是以经济效益为中心的，它的核心价值是"利润最大化"，因此没有数据支撑的、假大空的报告完全不是一份合格的述职报告，述职报告跟上学考试的论文也不一样。

其次，述职报告的撰写最好要多方了解一下，跟同事请教和交流一下，自己这个岗位的职责是什么，虽然岗位职责上面都有写该岗位的核心工作，但只有自己亲身体会到自己岗位对其他部门的价值，才能把握住写述职报告的核心，且不偏题。

最后，写报告就是写成绩，而成绩的表现形式—数据一定要在报告里面体现，至于不足之处，应该以成长学习的视角，感谢公司提供的平台和对自己的包容，这样能更好地展现你的感恩之心。

纵横职场

（1）述职报告的框架结构

①数据指标：公司的价值是"利润最大化"，相关的财务指标和顾客指标体系当然是最核心的数据价值，还有学习指标和内部流程指标也要兼顾。所以全面的指标可以参考"平衡计分卡"的四大指标体系进行总结，只要你可以影响的指标，都可以拿来作为述职报告的一部分进行展示。对于涉及不到的指标也要时刻关注，因为公司是一个整体，很难说哪个指标体系跟你完全没有关系。汇报指标如图 1-4 所示。

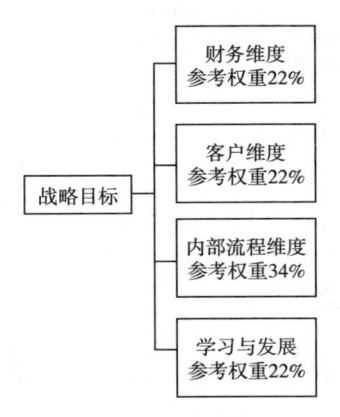

图1-4 汇报指标

②作品展示：自己的成果作品展示，尽量用图文和视频形式，展现在 PPT 中，更能起到引导观者，赢得信任的效果。

③得失分析：对于以上指标来说，自己做得怎么样，都达到了也不一定好，都没有达到也不一定不好，要根据过关情况，寻找行业标准，分析自己做得好坏之处和未来改进的方向，这样才能更客观，也可以对下一步

41

计划实施给予参考如表1-5所示。

表1-5 收获及个人不足改进

成长收获	不足改进
1.	1.
2.	2.
3.	3.
4.	4.
5.	5.

④下一步计划：根据这些情况，接下来该怎么做，做哪些事情，要达到什么样的预期成果，这些是必须向相关人员展示的如表1-6所示。

表1-6 工作提升计划表

计划目标	步骤分解	资源匹配	责任人	完成时间	相关成果

（2）述职报告的呈现技巧

很多时候"述职报告"需要在领导面前进行讲解展示，这样就需要我们在有效的时间里进行内容展示节奏的排布，以便于更好地展现自己的成果，为此你要注意以下三点。

①开场紧凑。最开始的时候，把节奏设置紧凑一些，把相关成果尽量多地展示给领导观看，如果内容太少就用同一内容不同的展现角度和形式。领导时间有限，在最开始就应把绝大部分成果展现完毕。

②过程精彩。中间要挑选自己成长的亮点，抓住一两个闪光点，对自

己团队、部门或是公司有重大影响的地方，进行着重阐述，更好地展现自己的价值，最好是图文并茂、现场图片、真实故事案例等。

③结尾有力。最后要紧扣自己的价值核心，并突破自己的岗位束缚，只要是为公司好的内容都可以做，把自己的工作格言和座右铭放在其中，进行升华，比如：

·顾客苛刻的要求，是强大自己的起点。

·精进以做事为基础，律己以有恒为前提。

·不是有了方向才去坚持，而是坚持了才有方向。

总之，整体述职报告要简洁明快，数据清晰，有理有据，不拖泥带水，说话铿锵有力充满激情，对工作对生活充满热爱，相信你一定能够顺利过关。

「**刻意练习**」

根据自己公司实际情况，按照述职报告的关键点和内容要求，认真撰写一篇周述职、月述职、季度述职报告，只有刻意练习，技能才能成为你的朋友。

实践训练一，_____

实践训练二，_____

实践训练三，_____

4. 如何运用金字塔原理构建框架?

情景案例

KX公司的新晋培训师周童在培训中,讲授了主题为《报告表达的降龙十八掌》的课程,现场氛围十分热烈,学员表现也十分踊跃积极。

课程上完后,主管蒋欣对周童说:"你的课程中没有构建逻辑框架,观点也不突出,降龙十八掌数目太多,而你讲了三小时,氛围是很好,但真正解决问题的时候,用什么思路使用你这十八掌呢?"周童心里不服气,大家欢乐的学习,场面热烈。他认为员工培训中记住两三句就是收获,用了就会有效果。

然而,一个月过去了,公司员工在工作总结时的报告写作水平并没有改进,还是一塌糊涂,这让周童哭笑不得。

那么,工作中如何才能写出有框架和逻辑的汇报,精准表达自己的想法呢?

智行解析

案例中的讲师周童的表达逻辑是并列排序式,主题观点不突出,这时我们运用麦肯锡的金字塔原理，可以有效地解决问题。

金字塔原理是麦肯锡的经典理论，此理论认为，任何一个话题都可以归纳出一个中心论点，这个中心论点可以找到 3～7 个论据来支撑。而每一个论据本身，又是一个论点，同样也可以再找到 3～7 个分论据，以此类推。这样的结构，就像是金字塔，所以，这个方法论就被称为"金字塔原理"，如图 1-5 所示。

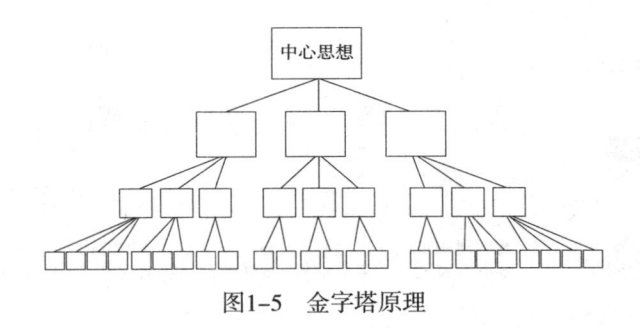

图1-5　金字塔原理

纵横职场

（1）构建金字塔的原则

职场中运用金字塔帮助员工汇报及表达的具体做法如下。

①纵向支撑。金字塔的纵向要形成逻辑支撑关系，多数时候，这种纵向支撑关系是归纳关系。下一层每个论据都对上一层形成逻辑支撑，上一层是在下一层逻辑支撑下的总结归纳，站在下一层论据的支撑下，按照逻辑形成结论。

②横向不重不漏。金字塔的横向论点要不重不漏。横向 3～9 个论据，

合在一起要相对完整，基本覆盖议题整体，这样才能避免重大遗漏。

③主题突出。任何一个高质量的金字塔，最后必须是主题突出的。

（2）金字塔构建的模式

信息设计的模式分"由下而上"和"由上而下"两种方式进行。

①由下而上的模式。首先将零散的想法依照主题区分群组，其次反映出每个群组的主题信息，最后将主张的想法提炼出来，如图1-6所示。

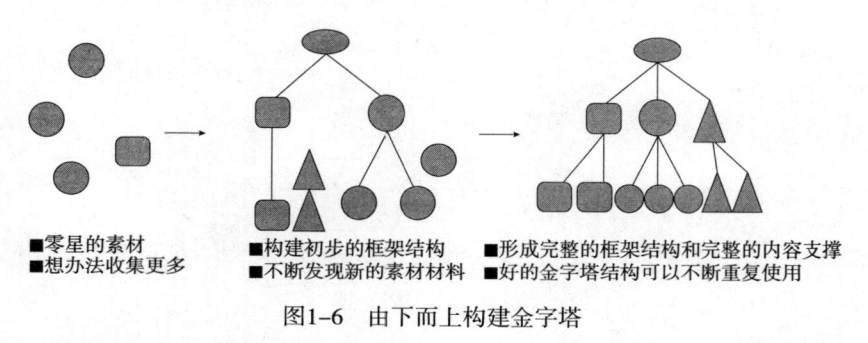

■零星的素材
■想办法收集更多

■构建初步的框架结构
■不断发现新的素材材料

■形成完整的框架结构和完整的内容支撑
■好的金字塔结构可以不断重复使用

图1-6　由下而上构建金字塔

②由上而下：快速列出中心思想，列出分析问题的经典框架，最后，分析可以获得的素材，将素材填充进去，如图1-7所示。

■快速列出中心思想

■列出分析问题的经典框架

■分析可以获得的素材
■将素材放进对应的框架下

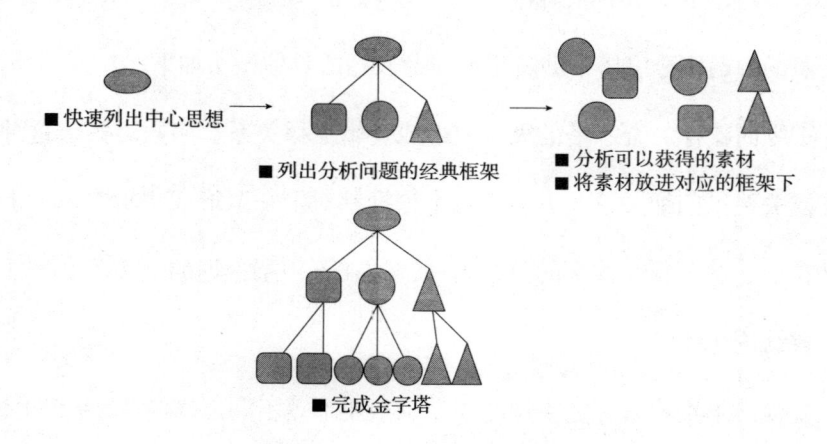

■完成金字塔

图1-7　由上而下构建金字塔

（3）解决方案

通过问题剖析，根据金字塔原理搭建解决问题的模型。

「刻意练习」

使用金字塔原理的"不重不漏"原则展现思路，呈现最关键的要点，去排查核心问题，采取行动，从解决问题的角度来应用金字塔原理。

实践训练一，_____

实践训练二，_____

实践训练三，_____

5. 如何使用思维导图整理思路?

情景案例

李玲是一家中型企业的项目经理，她经常面临多个项目同时进行的压力。尽管她勤奋努力，但常常发现自己会陷入无尽的加班和事务性工作，而真正需要思考和规划的时间却越来越少。

李玲发现，尽管她花费了大量的时间在工作上，但效果却并不理想。她经常因为思路不清晰而错过重要的细节，或者在紧急情况下无法快速做出决策。她意识到，单纯依靠加班并不能解决问题。

雪上加霜的是，这次领导看他很努力，很符合公司的文化精神，让她梳理一下公司的企业文化，从而带动公司提升效率，李玲听了，哭笑不得，自己正为如何提升效率烦恼，结果公司领导还要让我整理思路框架，带动公司整体提升效率，构建企业文化，增加企业竞争力。

这下李玲可是走到了崩溃的边缘，你能帮助李玲解脱困境吗？

智行解析

首先，要想承担更多工作内容，靠加班是不行的，要整理自己的思路。

推荐李玲使用思维导图工具，提升自己的思路管理效能，思维导图工具的特点主要有以下几个方面。

（1）简单易懂

思维导图是一种非常直观的工具，可以用简单的图形和文字来表示复杂的信息和想法。

（2）高效灵活

思维导图可以帮助人们快速地组织和整理信息，同时也可以很容易地添加、删除或修改内容。

（3）多功能应用

思维导图可以用于各种不同的场合，如头脑风暴、笔记、项目管理和知识整理等。

其次，利用思维导图提高效率的方法主要有以下几个方面。

（1）明确目标和计划

在开始工作之前，先使用思维导图工具制定一个明确的目标和计划。将目标分解为具体的任务和步骤，并将其以思维导图的形式呈现出来。这有助于你更好地理解和规划整个工作过程，避免遗漏或重复。

（2）整理和归纳信息

思维导图可以帮助你整理和归纳大量的信息，使其更加有序和易于理解。将相关的信息和概念归类到不同的节点下，并用线条和箭头表示它们之间的关系和联系。更好地理解它们之间的联系和内在逻辑。

（3）促进思考和创意

思维导图可以激发你的思考和创意。通过绘制思维导图，你可以将脑海中的想法和灵感记录下来，并通过不同的节点和连接来形成新的想法和观点。这有助于你发现新的解决方案和创意，提高工作的效率。

最后，使用思维导图整理企业文化，可以帮助你系统性地理解和呈现企业的核心价值观、行为准则，提升管理效能。

（1）确定中心主题

在思维导图的中心位置，写下"企业效能管理"作为中心主题。这是你的思维导图的起点和核心。

（2）定义企业文化的关键要素

从中心主题出发，列出企业效能管理的关键要素。包括企业的工作理念、行为准则、价值观等。

（3）扩展分支

对于每个关键要素，进一步扩展分支，详细列出相关的内容、原则或行为示例。例如，如果企业的核心价值观之一是"以顾客为中心"，那么你可以列出具体理念，落地方式解决问题等。

使用思维导图整理企业文化可以更好地理解和传播企业的价值观和行为准则，促进团队成员之间的沟通和协作，从而推动企业的发展和成功。

根据案例情况，李玲需要的是"思维导图"，这个辅助工具，把自己的想法从散乱没有层次和逻辑，一点点梳理出来，把每一个节点与中心主题联结，每一个节点又可以成为另一个中心主题，再向外发散出成千上万的关节点，呈现出放射性立体结构，而这些关键节点可以视觉化你的记忆，就如同大脑中的神经元一样互相连接，成为数据梳理器。

纵横职场

假定我们要梳理企业效能管理方法、企业文化，此外要兼顾家庭生活，大致应该是这样的思考路径。

（1）企业效能管理方法

企业效能管理方法从图1-8中的"三共、四有、五要"开始，然后全面覆盖事件的过程。

①效率提升。就是从共创到达成共识，在执行后，大家共享成果、共担责任。

②解决方案。解决方案包含，目标、步骤、成果和预算，当团队成员都有自己的方案时，大家讨论问题和决策就会更加有效。

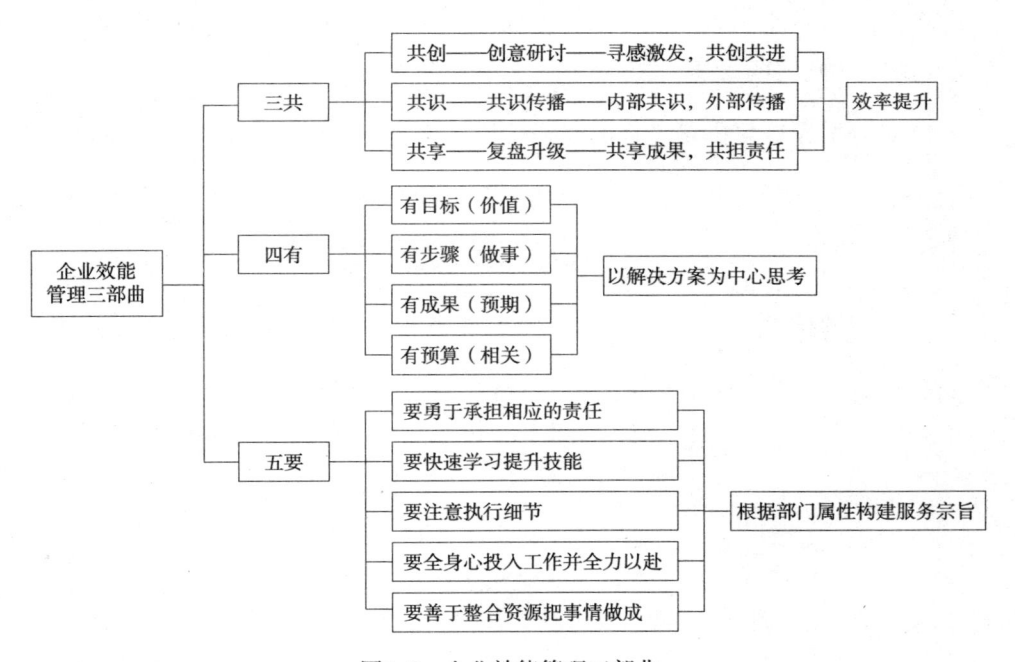

```
企业效能        ┌─ 共创——创意研讨——寻感激发，共创共进 ┐
管理三部曲 ─ 三共 ─┤ 共识——共识传播——内部共识，外部传播 ├─ 效率提升
                └─ 共享——复盘升级——共享成果，共担责任 ┘

         ┌─ 有目标（价值）
         │  有步骤（做事）
    四有 ─┤                  ─── 以解决方案为中心思考
         │  有成果（预期）
         └─ 有预算（相关）

         ┌─ 要勇于承担相应的责任
         │  要快速学习提升技能
    五要 ─┤  要注意执行细节       ─── 根据部门属性构建服务宗旨
         │  要全身心投入工作并全力以赴
         └─ 要善于整合资源把事情做成
```

图1-8　企业效能管理三部曲

③服务宗旨。每个部门属性不一样，企业对内对外服务的标准也不一样，所以要求部门创造并遵循自己的工作原则。

（2）企业文化

构建以顾客为中心的价值创造系统，明确提出"服务顾客的员工"，以顾客的诉求成为自己竞争力的起点，持续输出价值。同时可以创建学习型组织，鼓励大家通过不断学习创造不同的工作方法、不同的行为、不同的理念，公司张贴各种鼓励行动的标语，如"想清楚、说明白才能落实""向拿到结果的人学习""凡是问题都有最佳解决方案"，配合各种案例进行文化输出。配合公司内部讲话、短视频账号和公众号文章宣传，也可以开发商学院课程。

（3）构建学乐之家

良好的家庭氛围是工作的坚强后盾，假定你可以构建一个学乐家庭，让自己快乐地学习和成长，就更能提升效能，做到三大核心："学习、健康、快乐"。

学习的核心是读书、与人交往和做事践行，健康的来源是运动好、吃好、睡好，快乐的本质是玩地随心所欲，设定目标都能达成，并且信守承诺助人为乐，身心愉快。

「刻意练习」

思维导图是整理思路的好工具，任何想法都可以有逻辑体系的组建起来，厘清做事情的核心思路，让你做事效率更高，更轻松。随时找到工作生活的话题运用起来。

实践训练一，＿＿＿＿＿＿＿＿＿＿＿＿＿＿＿＿＿＿＿＿＿＿

实践训练二，＿＿＿＿＿＿＿＿＿＿＿＿＿＿＿＿＿＿＿＿＿＿

实践训练三，＿＿＿＿＿＿＿＿＿＿＿＿＿＿＿＿＿＿＿＿＿＿

第二篇 初级篇
带好团队

第一节　中层管理者的必学技能

1. 如何设置工作目标?

情景案例

在管理会议上,销售总监许琴展示月度目标和完成情况的数据对比,期间多次强调目标是年初定的,由于发生不可控事件导致目标与实际销售数据没有可比性。

企业顾问奇怪地问:"为什么不调整目标呢?"许琴说:"公司定的目标,必须达成,没有修改的空间。"针对这样的现象,设置的目标无法起到激励的作用。面对这种情况,该如何设定任务目标呢?怎样的目标管理才能有效发挥激励员工的作用呢?

智行解析

（1）目标设置的"SMART"法则

①目标要具体化（Specific）。

SMART 原则中的 S 代表目标设定，一定明确，比如，下个月销售额目标为 300 万元。

②目标要能测量（Measurable）。

设定的目标一定要可量测、可测评，否则这个目标就形同虚设，失去它原本的作用。

③目标要可被达成（Attainable）。

目标一定要可达成，可达成的才叫目标。企业追求的是可实现的目标，所以千万不能设定高不可攀的目标。

④目标要能上下相关联（Relevant）。

目标一定要上下相关联，也就是它应该由总公司开始分流到各部、各单位去，各单位再分流到个人，所以目标是由上而下分流下来的。

⑤目标要有完成期限（Time-bound）。

目标一定要有完成期限。没有时间限制的目标容易一直拖下去，最终无法完成。所以必须有时间期限才能衡量是否达成目标。

（2）设定目标的"三看"原则

①看市场。

就市场的容量和趋势来说，公司的发展定位以及占市场多少份额。

②看对手。

竞争对手对本公司目标完成情况的影响。找到标杆企业目标，作为企业奋斗的目标和方向。

③看自己。

就自己的发展速度和节奏而定，设定什么样的目标，能够最大限度地激发团队的竞争力和凝聚力，使企业的发展成就最大化。

纵横职场

（1）动态目标跟进

目标在执行过程中需要根据实际情况动态调整，没有什么是一蹴而就的，作为管理者，企业的目标设定后，每个月可以进行微调，实现每个月的目标都对组织有激励作用。

（2）情感目标激励

真正具有力量的且有决定性的是情感，丧失了情绪，就丧失了真正想要的能力。情感才是真正的助推器，没有情感的大脑无法设定目标，也不能作出决定。干劲儿是指引某种行为的动力的强度。这种动力也许是来自理智的思考，也许是来自感情的冲动，然而要想发挥巨大的力量，感情的冲动是必不可少的。

（3）追踪执行

目标完成的进步感和效能感。当目标分解为子目标，再最终分解为最小的行动，每次行为发生过后，都会有结果，这种朝着目标前进的进步感非常重要，虽然每天只是向着目标前进一小步，但是这种目标系统中内部产生的感觉（快乐）已经成为一种正反馈的驱动力。这是整个阶段最重要的事情。在每个小目标达成之后，庆祝自己的进步。

（4）挖掘完成目标的荣耀感

目标本身就带有驱动力，我们要使成员认为完成目标是一种荣耀，成员一旦认为一件事足够重要，那么在开始做的同时，虽然尚未成功，就会给我们带来强大的力量——我在做一件值得骄傲的事情。

（5）追求目标的认同感和支持感

向团队分享目标，让大家有相似的志向和目标，有相同的话语体系，可以让团队找到归属感。

「刻意练习」

我们的目标和任务是什么？是否应该调整目标？通过实践来训练自己设置并调整目标的能力吧！

实践训练一，＿＿＿＿＿＿＿＿＿＿＿＿＿＿＿＿＿＿＿＿＿＿＿＿＿

实践训练二，＿＿＿＿＿＿＿＿＿＿＿＿＿＿＿＿＿＿＿＿＿＿＿＿＿

实践训练三，＿＿＿＿＿＿＿＿＿＿＿＿＿＿＿＿＿＿＿＿＿＿＿＿＿

2. 如何进行有效决策？

情景案例

销售总监王岚负责公司所有销售渠道代理工作，随着直播和短视频带货的兴起，各家品牌商纷纷布局直播带货渠道，王岚看到直播带货的企业有盈利也有亏损，一时犹豫不定，难以决策。

就在这时公司开会研究销售下滑的原因，以及如何弥补与其他企业的销量差距，王岚果断提出要进行直播带货的尝试。但是本企业其他产品线的直播销量惨淡，市场反馈并不好，公司觉得风险较大。于是，王岚犹豫了。

就在这时，竞争对手果断布局，已经将短视频账号规模做大，并且直播成绩蒸蒸日上。由于公司没有抓住这次机会，也就错过了时机，行业老大的地位由此受到挑战。王岚后悔不已，如果自己当时再坚持一下，公司可能就愿意投入了，虽然有风险，但是直播带货的营收肯定能收回投资成本。

你觉得王岚的决策有效吗？如果是你能做出更好的决策吗？

智行解析

作为领导者要善于作决策，并且保证决策大概率是正确的。它要经过不断训练，同时要了解自己做决策的原则和方法，运用清晰的头脑进行决策。

其次，我们要知道，大部分的日常决策都是潜意识做出来的，如同开车一样，要保持多远的距离，其实没有太多的思考，而是依靠自觉。而在工作中，我们要理性控制直觉发挥作用，让我们的主观思考去决策。

我们在作决策时要避免不良情绪的干扰，理智的决策才可能出现好的结果。

纵横职场

（1）认知决策过程

其实决策是分两步进行的，第一步是收集信息，第二步是进行决策。如果没有收集信息，那么决策就是以前存储的信息所决定的。决策时参考原则如下。

①不要过于完美：完美主义者花太多时间在边缘的事情上，影响对重大因素的考虑，做一个决定通常有5～10个因素就可以了。

②谨记"二八"法则：要明白20%的关键是什么，从20%的努力中获取80%的价值。

③不必过于精确：如计算 38×12 可以用四舍五入的方法，把 38 看成 40，把 12 看成 10，这样就可以快速地得出 400 左右的结果，作为我们的参考因素，而不必要非要是"456"这个精确数字，决策中也是如此，避免过于精确浪费时间而错失良机。

（2）判断概率

决策之前"一切皆有可能"，关键是概率问题。要考虑所有的综合因素发生的可能性，然后进行排序，这样才是最务实的选择。如果决定不下来的时候，可以请教某方面的专家，或者综合各方面专家的意见，但最终要管理者自己做决策，这样才可以锻炼自己的决策能力，并吸收专家的想法为自己所用。

（3）确定优先级

比较更多信息带来的价值和不做决定造成的成本，决定优先顺序。

①首先把"该做的事"做完，再做想做的事情，必须区分该做和想做的事情，并且保证不会吧"想做的事"排在前面。

②管理者可能没有时间去处理不重要的事情，就把他们先留着，以免阻碍你处理重要的事情。

（4）根据预期

根据预计价值判断是否有价值。

①持续提升决策正确的概率就会持续创造增值。

②知道什么时候不去押注,与知道什么值得押注同样重要。

③最好的选择是好处多于坏处的选择,不是毫无坏处的选择。

为了抓住时机,管理者必须知道最好的决策是什么并有勇气做出好的决策。永远记住想达成的目的,然后通过做事进行思考,并从中获取经验,让自己不断改变和进化,用自己的头脑思考。

「刻意练习」

从领导效能出发,对工作和生活中的各种情景进行要素分析,最后高效决策。坚持180天并实现自动高效决策。

实践训练一,_____

实践训练二,_____

实践训练三,_____

3. 如何成为优秀的中层管理者?

情景案例

王明是一家制造公司的中层管理者,负责一个市场部门的运营。李慧是他的下属,担任设计部门主管。王明认为李慧是名校毕业,在这个岗位上只是实习一段时间,由于李慧的爸爸跟公司大老板有合作关系,正在投资一个品牌,不知道什么时候就回家继承家业做独立的运营负责人。

王明觉得这样的员工不好指挥,让她能做点什么就做点什么吧,有些棘手的会议就不叫她参加了,觉得李慧最终也不会长久留在这里,干活也不能太依赖她。

长此以往,造成李慧对团队的很多决策信息都不了解,李慧觉得好多事情怎么自己都不知道就决定了呢?李慧对王明很是不满,认为自己好歹也是高才生、有能力,就只能干这点事情吗。信息传播到王明的上司那里,上司也不好说什么,只是侧面提醒说王明:"要搞好上下级沟通啊,不然团队凝聚力不够,事情就做不好。"王明一听话里有话啊,自己好心好意不让她太劳累,她反而不领情。

这样的人在部门,哄着没有成绩,管理又出问题,不知道如何是好,你有什么办法帮助王明化解吗?

智行解析

首先,作为领导者要有格局,无论给你什么"兵",都要能让员工"为我所用"。无论员工有什么关系,作为中层管理者,应当锻炼自己带兵打仗的能力,而不是回避问题的存在,错失机会。

其次,当团队内信息不透明,领导者的决策就会不好执行。所以就要求团队内信息充分共享，员工平等相处，进入各自的角色，才能发挥最大的作用。

最后，职场中无论发生什么事情，都是好事情。领导说你的事情，是在提携你，如果不是如此，可能就直接换掉你了。中层的困惑就在于做得不好，有很多人可以替代你。工作中谨小慎微不如大刀阔斧，还能收获宝贵的管理经验。

纵横职场

作为要与上级汇报和向下级传达上层决策的中层管理者，如何把握好自己的角色，把工作做得漂亮，大家可以参考以下几点建议。

（1）下属是有"关系"的人应该这样处理和应对

①维护团队公平：对待所有员工都应该是公平和专业的，确保你的决策和行为不受亲信关系的影响，维护团队的公平性和透明度。确保所有员工都有平等的晋升和发展机会。不要给亲信特殊待遇或提供不公平的机会。

②遵守公司政策：始终遵守公司的政策和程序，不论员工是否有"关系"。这包括绩效评估、晋升、薪酬和其他方面的决策。

③积极提供反馈：给员工提供专业的绩效评估和反馈，可以树立自己的形象。真实有依据的反馈有助于他们改进和成长。

④保守机密信息：不要将组织内部的敏感信息泄露给任何人。要维护

职业操守。

⑤听取员工意见：积极鼓励所有员工参与决策和改进过程。

⑥建立信任：在维护专业性的同时，让同事之间建立信任关系，这可以通过始终如一的行为和互相尊重来实现。

（2）要积极地调整好团队的状态

①关注个人发展：关注团队所有成员的发展，帮助每个人提升技能并实现职业目标是主管负责人核心责任之一。

②团队文化建设：关键是要构建和谐的团队关系和领导责任，维护良好的工作氛围，提高团队的绩效，同时确保组织的价值观和政策得到遵守。

（3）聪明的中层管理者会积极地调解好跟上司的关系

①建立信任：要想与上司构建积极的工作关系，建立好信任是关键。遵守承诺、提高工作质量、主动与上司沟通汇报是建立良好信任关系的基础，具体如下。

了解上司期望：尽量了解上司对你的期望和优先事项。这可以通过直接沟通、观察和与同事交流来实现。

主动沟通：与上司保持良好的沟通，定期汇报工作进展，分享关键信息，并提供解决问题的建议。

适应上司的工作风格：理解上司的工作风格和偏好，努力与之协调。

一些上司可能更喜欢详细的报告，而另一些可能更喜欢口头汇报。

积极接受反馈：当遇到问题时，主动听取上司的反馈，无论是正面的还是负面的。这有助于你不断改进和成长。

支持上司目标：确保你的工作和解决方案与上司的部门或组织目标保持一致，这有助于你成为一个合作的团队成员。

维护专业：在与上司互动时保持专业，避免涉及个人问题或充当公司内部的闲话传播者。

②提供解决方案：当遇到问题或挑战时，不仅要报告问题，还要提供可行的解决方案，这展示了你的主动性和解决问题的能力。

③处理冲突：如果发生与上司的冲突，采取成熟的方式来处理。首先尝试通过私下对话解决问题，如果仍无法解决，寻求适当的上级或资源进行调解，具体如下。

寻求支持：如果需要，寻求适当的上级的支持和指导，不要犹豫。

保持积极态度：在工作中保持积极的态度，尽力避免抱怨或负面情绪。积极的态度有助于建立良好的工作关系。

（4）有智慧的中层管理者会向下属传递信息

①做好有效的信息传递，促进下属积极执行。

信息准确清晰：在传达上司的命令时，确保信息准确无误和清晰易懂。不要添加个人解释或修改命令内容，以避免误解。

直接沟通：尽量直接与员工进行沟通，而不是通过第三方或电子邮件，面对面或会议通常更有力，能够更好地解释和澄清命令。

强调重要性：解释上司命令的重要性，让员工明白它与组织目标和项目的关系。这有助于提高员工的责任感和合作度。

回答疑问：鼓励员工提出问题和疑虑，然后耐心回答这些问题。这有助于减少误解。

明确截止日期：如果命令有时间限制，确保明确告知员工何时需要完成任务或遵守规定。

②传达信息中的定式与灵活应对。

记录和跟进：记录传达的命令和员工的反馈，以备将来参考。如果需要，进行定期的跟进，确保命令得到执行。

尊重和谐：尽量在传达命令时表现出尊重和理解，避免使用威胁或命令的语气，这有助于建立良好的工作关系。

协作和灵活性：在传达命令时，鼓励员工提供有关如何实施命令的建议。有时员工可能提供的见解和经验非常有价值，在需要灵活性时，允许员工提出建议或调整计划，以适应实际情况。

主动反馈：如果命令需要更多的解释或调整，及时与上司联系并提出反馈，确保命令的成功执行。

③过程中积极鼓励员工完成命令，及时给予他们认可。

保持开放沟通：中层管理者应保持开放的沟通渠道，鼓励员工随时提出问题或反馈，以便在需要时及时进行修正，过程中给予积极的认可。

建立良好的工作关系：维护与员工的良好关系，建立信任和尊重，可以提高命令的执行力。

「刻意练习」

根据自己的职场现场，结合上级的反馈，排查自己的管理行为和管理思想，让自己成为一个不断在职场生存和成长的中层领导。

实践训练一，＿＿＿＿＿＿＿＿＿＿＿＿＿＿＿＿＿＿＿＿＿＿＿＿＿

实践训练二，＿＿＿＿＿＿＿＿＿＿＿＿＿＿＿＿＿＿＿＿＿＿＿＿＿

实践训练三，＿＿＿＿＿＿＿＿＿＿＿＿＿＿＿＿＿＿＿＿＿＿＿＿＿

4. 如何避免成为"老好人"式的中层管理者？

情景案例

王华领导团队完成一项领导安排的棘手任务，本来计划周期一个月的项目，现在领导要求一个星期给出设计方案，两周落地执行。全体员工都一致反对，希望王华跟领导申请延期。

王华觉得领导自然有领导的安排，我们就尽量做吧，做不出来再说。于是要求大家改变以往懒散的工作状态，准时上班、不要旷工，加班加点地完成任务。好多员工都已经懒散惯了，照样以接送孩子、照顾家庭为由迟到早退，王华也是看在眼里急在心上。养兵千日用在一时，想到平时自己对员工挺好的，公司要求裁掉绩效不好的员工都是自己害怕伤害员工的情感和自尊心，顶住上级压力没有执行，员工怎么一点不感恩呢？现在公司有急事，任务压下来了，居然没有人为我分忧，团队工作效率提不起来也就算了，基本的到岗要求都达不到，自己怎么向领导交代呢？

如果你是王华，你能知道问题出在哪里，并如何改进吗？

智行解析

案例中王华是典型的"老好人"式的中层管理者，他的善良、体贴和沉迷于帮助他人的管理风格，是导致了工作不畅的主要原因。

首先，服从命令要有限度。当上级提出不切实际的时间安排，王华没有寻求合理的处理方式，团队面临严重的工作压力，导致员工不满，虽然自己好像执行了领导的命令，却得不到领导期望的结果。

其次，对下级员工过于宽容。员工态度有问题，王华还认为是小事情，一直采取宽容的态度，认为员工有困难，而不愿以严明的纪律整顿团队，团队行动力差，"军心"涣散。

最后，忽略绩效的价值。员工一直表现不佳，管理者却还一直回避进行合理的绩效评估和反馈，害怕批评会伤害员工的自尊心，进而员工的绩效更差，那么就是对其他认真努力工作的人员的不公平，导致整个团队的士气和效率都受影响。

纵横职场

中层领导者应运用以下方法步骤，跳出"老好人"的怪圈，成为干练的领导者。

（1）权衡利弊

在做出决策时，权衡员工的需求和组织的利益，寻找一个平衡点，确保同时考虑双方的利益，可以采取以下方法。

①列出利益和风险：列出与每个潜在选项相关的利益和风险，考虑所有可能的影响，包括正面和负面的。

②定量评估：尝试为不同的因素分配权重，并进行定量评估。例如，使用评分系统或加权平均值来确定哪个选项更有利，从而取舍。

③考虑时间因素：考虑不同选择的时间因素，包括短期和长期影响，有时短期的牺牲可能会带来长期的好处，反之亦然。

（2）明确目标和价值观

定义自己的领导目标和价值观，明确自己的原则和组织的利益，以便在需要时做出困难的决策。

①避免"破窗效应":领导平衡工作时,考虑到员工每个人都是平等的,一个人的行为素质降低了,其他人都会效仿,导致破窗效应,形成不好控制的团队文化和氛围。

②坦诚公开:对于绩效不好的人,领导者应坦诚地指出并指导,同时规劝和领导他人,引导他人行为。

③当领导就是负责任:领导者应对自己的决策和行为负有责任,如果出现错误或不公正的情况,应该积极采取纠正措施。

(3)学习沟通技能

提高沟通技能,能够坦率流畅地表达自己的观点,同时倾听员工的意见和反馈。建立良好的沟通渠道可以减少误解和冲突。以员工绩效不佳为例,最好用如下过程进行交流。

开场白

"我希望我们可以坐下来谈一谈,一起探讨你的工作和绩效问题。"

"我重视你在团队中的角色,所以我想和你讨论一下你的绩效情况。"

明确问题

"我们需要讨论一下你的绩效,有一些方面需要改进。"

"我注意到你在某些方面遇到了挑战,我们需要找到解决办法。"

提供反馈

"我注意到你在项目 × 上的工作质量有所下降。"

"有一些同事提到他们在合作中遇到了一些困难。"

倾听和理解

"我想听听你对自己绩效的看法。"

"你认为导致绩效问题的主要原因是什么？"

建议改进

"我认为我们可以一起制订一份行动计划，帮助你改进工作质量。"

"我建议我们探讨一些可能的培训或资源，以帮助你提高绩效。"

强调支持

"我愿意提供你所需要的支持，以确保你能够成功改进。"

"我们是一个团队，我相信我们可以一起克服这个挑战。"

设定目标

"让我们一起设定明确的目标，以便我们可以跟踪改进的进度。"

"你认为在接下来的几个月内能够达到什么样的绩效水平？"

鼓励积极态度

"我相信你有能力克服这个困难，我鼓励你保持积极的态度。"

"每个人都会面临挑战，如何面对挑战是衡量一个人的表现的方式之一。"

提出问题和反馈

"有没有关于你的绩效或工作环境方面的问题或担忧，你愿意分享的？"

"你对我们的谈话有任何反馈或问题吗？"

结束谈话

"感谢你与我坦诚交流，我们会一起努力改善绩效。"

"我们会定期跟进，确保我们的目标得以实现。"

在整个谈话过程中，要保持冷静、耐心和尊重，避免批评或指责，侧重于合作寻找解决方案。这种正面的交流方式可以帮助员工感到支持和鼓励，从而更容易改进他们的绩效。

（4）训练和发展

考虑参加领导力培训或咨询，以帮助改进领导技能，获得反馈和指导可以帮助中层领导更好地应对挑战。

①选择导师和教练：寻找有经验的导师或领导教练，他们可以提供反馈、建议和指导，帮助你发展新领导技能。

②实践领导角色：主动尝试新的领导风格，在小项目上实践，可以帮助灵活应对各种不确定的挑战，快速提高领导技能。

③尝试更好进行团队管理：构建学习型团队，改进领导风格，有效地改善团队文化，从目标设定、沟通、协作、冲突解决和绩效评估等方面全面推进。

（5）逐渐改变

记住改变领导风格是一个逐渐的过程，不要急于做出巨大的改变。逐渐调整自己的行为，确保改变是可持续的。

「刻意练习」

根据自己的职场现场，结合自己的管理风格，找到新的方法，通过话术改善，团队监督，小项目尝试等方法步骤，逐步融入新的领导风格，改善和提高自己的管理行为。

实践训练一，_____

实践训练二，_____

实践训练三，_____

5. 如何向上级请示工作方案?

情景案例

假如你是一家技术公司的项目经理，负责开发一款新的移动应用程序。公司投入了大量资源，包括时间、资金和人力。但在项目执行过程中出现了一系列问题，导致工作陷入了困境。

在项目的初期，团队遇到了技术难题，导致开发进度缓慢。此外，项目的工作量也不断增加，需求变更频繁，而项目交付时间没有相应调整。团队内部也存在沟通问题，导致信息不畅通，任务分配不清晰。

在这种情况下，你需要向公司的高级管理层和领导汇报项目情况，你可能面临以下问题：

①如何向领导汇报糟糕的境遇，以最大限度地减轻负面影响？

②该如何解释导致项目失败的原因，包括技术问题、需求增加和沟通问题？

③你应该提供哪些解决方案，以便领导能够采取适当的措施来应对当前问题？

智行解析

首先，汇报不是只汇报成绩是汇报真实情况，让所有上级领导了解项目最真实的情况，便于做决策和判断，所以没有必要，也不允许去编造成绩，那样只能让信息更加混乱，对未来发展没有任何好处。

其次，汇报不能没有自己的想法，哪怕是你认为不完美的解决方案，也要有自己的思考，分析你认为的原因和结果之间的关联性是什么，为领导的深入思考起到开路先锋作用。

最后，以无论汇报的结果如何自己都能接受，这样轻松的心态去汇报工作，反而能让你发挥出最佳的水平，你将体会到"山重水复疑无路，柳暗花明又一村"的感觉。

纵横职场

明确好自己的角色后，我们可以尝试用以下步骤和方法进行汇报。

（1）明确提出请求

这次汇报你要提出的请求是什么？确保你明确了自己的现状和真实的需求和要求，让领导理解这次汇报的性质、重要性和各部分工作的完成时间。

（2）选取合适的时间

选择一个适当的时间和地点，以便能够与上级进行开放和专注的对话，不要在上级繁忙的时候请示工作。

（3）准备要点

准备一份简明扼要的提纲或要点，列出你需要请示的工作细节，以及可能的解决方案和建议，将思考成果用金字塔原理形式列出框架内容，要点在前，脉络清晰，辅助上级决策。图2-1案例对比进行说明糟糕的汇报者与从关键要点说起的汇报者的区别。

一个糟糕的汇报者

老板，我最近在留意原材料的价格，发现很多钢材都涨价了；还有刚才物流公司也打电话来说提价；我又比较了几家的价格，但是还是没有办法说服他不涨价；还有，竞争品牌××最近也涨价了，我看到……
对了，广告费最近花销也比较快，如果……可能……

从关键要点开始汇报者

老板，我认为我们的产品应该涨价20%。而且要超过竞争品牌，因为第一，原材料最近都涨价了30%，物流成本也上涨了；第二，竞争品牌全部都调价10%~20%，我们应该跟进；第三，广告费超标，我们还应该拉出空间，可以做广告。
老板，您觉得这个建议是否可行？

图2-1 两种汇报方式对比

（4）简明扼要有针对性

尽量确保你的请示是简洁而有针对性的，不要浪费上级的时间。提前准备好你的请求，以便能够迅速而清晰地传达，运用麦肯锡的"30秒电梯理论"把事情说清楚。"30秒电梯理论汇报"案例如下。

"张总，我很高兴能够跟您汇报一下我的市场推广计划，目前，我们正在积极推进一项新的数字营销策略，以提高我们在线品牌知名度和转化率。

我们已经成功扩大了社交媒体的覆盖面，同时优化了网站以提供更好的用户体验。此外，我们还计划启动一项内容营销活动，以吸引更多的潜在客户并与他们建立联系。总体来说，我们的目标是在下个季度提高销售量10%。

如果您有时间，我很愿意详细介绍我们的策略和计划，以及如何实现这一目标。"

（5）表示尊重

向上级表达恭敬和尊重，承认领导的职务和权威。使用礼貌用语，如"请教""建议"等，在请示过程中，清晰地传达工作的背景、目标和可能的影响，回答上级可能提出的问题，提供所需的信息如下。

"您好，我想请示一下关于项目×的一个问题。"

"感谢您抽出时间与我讨论一下这个工作的安排。"

"我需要您的指导和批准，关于下个季度的预算分配方案。"

"我有一个关于客户提出的问题需要您的建议。"

"请让我先简要介绍一下……"

（6）倾听反馈

仔细倾听上级的反馈和建议。如果上级提出了改进或修正的建议，愿意接受并予以积极回应。

"我的问题是（具体问题或主题……），您能否分享一些见解或建议？"

"我希望得到您的批准，继续实施（具体行动……）。"

"我很愿意听取您的反馈和建议，看看我们如何可以改进。"

"请您告诉我您的意见，我会认真考虑并采取适当的措施。"

「刻意练习」

根据自己的工作内容安排，找一个合适的时机，准备好自己的项目方案，向领导请示工作，演练和执行所有步骤，看看是不是会有新的收获。

实践训练一，_____

实践训练二，_____

实践训练三，_____

6. 如何授权？

情景案例

你是一家制造公司的部门经理，负责生产线的日常运营。你决定授权一位高级团队成员张明，负责监督生产线的日常工作，包括任务分配、生产进度和质量控制。你期望这项授权将减轻你的工作负担，同时提供给张明一个成长的机会。

然而，在授权后的几个月内，生产线的绩效开始下降。生产进度变得不稳定，质量问题频繁发生，客户投诉量上升。你感到困惑和担忧，因为你本来期望这项授权能够改善生产线的运营。

为什么授权给张明的决策和操作导致了生产线的绩效下降？你应该采取什么措施来解决这个问题，并防止将来类似的授权失败再次发生？

智行解析

首先，授权不是弃权。要有明确的标准和过程监督，否则就会出现授权失败，过程无法控制等结果，授权人第一要务就是要懂得授权不授责，责任还要自己担。

其次,要确认对方是否有这个能力。不是所有员工都能被授权。授权后负责人是否有这方面的操作经验?大概能够完成多少工作?能否拿一个小的模块进行实验?否则可能会导致全面崩盘。

最后,授权是个双刃剑。授权成功自己能够很轻松,授权失败自己要担责任。授权成功后,或许有人挑战你的位置,授权失败后,领导可能认为你没有领导才能,所以授权是很微妙的事情,总之,职场如战场,胜败乃兵家之常事,最重要的是获得相应的管理经验。

纵横职场

授权下属是一项重要的领导技能,它有助于提高团队的效能,促进员工的成长和发展。以下是一些授权下属的方法。

(1)明确目标和期望

在授权之前,确保你清楚地传达工作的目标和期望。明确工作任务、目标、截止日期和质量标准,以确保下属理解他们的责任。充分运用目标设置的 SMART 原则。

(2)选择合适的人员

考虑员工的技能、经验和兴趣,选择最适合完成任务的人。不同的任务可能需要不同的技能和特质,特别是要放弃没有能力的下属,不要存在幻想,被授权的人至少有以下四个基础能力。

专业知识和技能：授权的人应该具备必要的专业知识和技能，以便有效地履行他们的职责。这包括技术技能、管理技能或领导能力，根据具体情况而定。

沟通能力：适合授权的人应该具备良好的沟通能力，能够清晰地表达想法并与团队成员或同事有效沟通。

决策能力：授权的人应该能够做出明智的决策，基于事实和数据，考虑各种因素，包括风险和利益，以做出正确的决策。

问题解决能力：授权的人应该具备解决问题的能力，能够应对各种挑战和难题，找到切实可行的解决方案。

（3）提供资源和支持

确保下属有所需的资源和工具，以便他们能够有效地完成工作。包括培训、技术支持、预算等。

（4）建立反馈机制

建立开放的沟通渠道，鼓励下属提供反馈并定期回顾进展。这有助于识别问题并进行调整。

持续监督和跟进：虽然授权是将权责下放给下属，但主管仍然需要监督和跟进，以确保工作进展顺利，目标得以实现。利用授权的机会来促进下属的成长和发展。提供机会让他们接触新的任务和挑战，有助于提高下属的技能和经验。

设定明确的目标和标准：确保生产线的目标和绩效标准是清晰的，并与被授权人共享这些标准，以便他了解期望。加强对生产线的监督和跟进，确保问题得到及时解决。这也有助于恢复生产线的绩效。

（5）诚实持续的沟通

无论发生什么情况，都要坦诚沟通，询问下属在授权后遇到了什么挑战或问题。听取他的意见和观点，了解他的视角。仔细审查授权的过程，包括授权前提供的培训和支持，以确定是否有必要的准备措施，这有助于确定授权失败的原因。

「刻意练习」

根据自己的工作内容安排，结合本章的案例和授权的步骤，尝试学习授权管理，让自己的工作更轻松，提高自己的管理水平。

实践训练一，＿＿＿＿＿＿＿＿＿＿＿＿＿＿＿＿＿＿＿＿＿＿＿＿

实践训练二，＿＿＿＿＿＿＿＿＿＿＿＿＿＿＿＿＿＿＿＿＿＿＿＿

实践训练三，＿＿＿＿＿＿＿＿＿＿＿＿＿＿＿＿＿＿＿＿＿＿＿＿

第二节 辅导下属，提升"单兵作战"能力

1. 如何辅导领导层员工？

情景案例

KX 公司张主管，是一位在销售领域屡创佳绩的精英，近日，张主管被公司提拔为销售团队的领导，她需要管理 15 个人的团队。他的这次升职无疑是公司对他过去成绩的认可，同时也对他未来的领导能力充满期待。

然而，事情并没有按照预期的方向发展，张主管升职后，他依然保持着销售精英的工作习惯和心态，忽略了作为团队领导应该具备的不同技能。他也努力想要把自己做业绩的技能传授给大家，然后，事与愿违，反而造成了，15 个团队成员联名要求王经理更换主管的问题。

这时候，王经理才意识到，自己忙于项目，忽视了对这位精英管理

者的帮扶和引导。在张主管管理经验缺乏的情况下，强行拉业绩导致了今天的惨状，王经理后悔不已。面对团队成员感到无助和失望，王经理不知所措，是改支持张主管，相信他的能力，还是听取群众的呼声，重新换将呢？

如果你是王经理，也就是张主管的直属领导，面对这个问题会怎样处理呢？你是否能复制顶级销售的能力，打造兵强马壮的团队呢？

智行解析

首先，把自己的团队成员提拔至领导层后放任自流，是不负责任的表现。明知道他的管理能力有待提升却没有帮扶计划，就是让下属自生自灭，自求多福。

其次，作为经理要提前想到和规避团队成员间的人际交往问题。

最后，团队中每个人的成长都是上层领导帮扶的结果，要像哺育自己孩子一样，一步步帮扶下级成员，才能拥有自己的核心团队。

纵横职场——上级对管理层员工的辅导步骤

（1）敢于承担责任

要意识到发生这样的事情不单是下属的错误，也是由于自己有没有对一位新上任的主管进行培训辅导导致的，所以王经理可以首先对张主管说："你出现这个问题是我的责任，我没有辅导你如何做好一位管理者，所以从今天开始我来辅导你。"

（2）重视思维辅导

销售做的事情跟管理者要做的事情是不一样的，可以让张主管把每天要做的事情列出来，这个做法看起来很普通，但是重点是让张主管明白"为什么要做这些事情"以此了解来看看张主管的思维逻辑是否正确，并养成习惯。这个环节的重点是要从下属的事情安排中找出他做事情的逻辑，辅导他更上一层楼。

（3）公开场合表达支持

公开场合支持鼓励张主管，比如在开团队会议时可以宣布："张主管就是我认可的主管，我会帮助他支持他，你们也要信任他的能力"，以此给张主管信心。

（4）给予耐心培养

一个人的成长需要一个过程，只有经历不同事情磨炼才能让人真正成长，这样的过程是对下属的辅导支持也是对经理人管理能力和意志力的磨炼，通过信任和培养让主管成长起来。

纵横职场——带教辅导十六字箴言

日常带教辅导核心"十六字"：我做你看，我说你听；你做我看，你说我听。

要根据员工所处的不同阶段给予不同的辅导内容和辅导形式。

（1）扎根期（0~3个月）

需要手把手地教，就是师傅带徒弟，好好运用这十六个字，辅导员工，先自己做让下属看，然后仔细讲解内容给下属，再次让其自己做，我们来检查和反馈，最后看看其在做的过程中是如何想的。要注意过程中的分享氛围，形成一种轻松又严谨的氛围，讲解过程通俗易懂，这个环节当中要发现关键节点，而且一定要严谨，不能疏漏，采取强有力的目标计划，控制过程并给予积极的反馈，增强信心。

（2）发芽期（3~6个月）

这一阶段要给下属明确方向，在组织内对业务流程要熟悉，系统辅导每一个环节，并积极听取下属的反馈意见，这样让员工吃透，然后下属才能根据这个阶段的所学，厚积薄发，最后形成积极的反馈，在下一个阶段才能够融入自己的思想快速成长。

（3）成长期（6~9个月）

这个阶段下属已经基本成功落地于企业，试用期早就过了，该让他放开手去干事情，发挥他更大作用的时候了。这个时候要建立好信任感，同时找出制约员工成长的瓶颈，及时辅导他。

（4）开花期（9~12个月）

当下属已经具备很强的能力时，我们就要给予授权、给予舞台，在岗位的各个地方发挥作用。

（5）结果期（1~3年）

当员工沉淀下来，此时的辅导过程主要是培养下属辅导团队成员的能力。

纵横职场——过程中的注意事项

①陪学：陪同员工了解需要的基础业务、文化知识，在带教的同时，不断更新自己的能力；

②陪练：陪着员工去练习业务管理；

③陪访：陪同员工访问客户，在过程中引导员工成长；

团队人员的辅导和培养是管理者永恒的工作内容，是自己的工作能力的体现，相信随着团队能力的不断提升，人才的不断培养，一定能成为一个兵强马壮的团队。

「**刻意练习**」

根据自己团队情况，利用辅导原则，找到下属需要辅导的问题，根据"十六字"箴言来解决下属的困惑，帮助下属快速成长。

实践训练一，＿＿＿＿＿＿＿＿＿＿＿＿＿＿＿＿＿＿＿＿＿＿

实践训练二，＿＿＿＿＿＿＿＿＿＿＿＿＿＿＿＿＿＿＿＿＿＿

实践训练三，＿＿＿＿＿＿＿＿＿＿＿＿＿＿＿＿＿＿＿＿＿＿

2. 如何引领下属成长？

情景案例

刘经理由于业绩突出，被提拔为经理，公司希望他能够带领团队创造更好的业绩。两个月的时间里，团队流失了很多意向客户，成交量很低，于是，刘经理决定亲自拜访客户，以提高团队的成交率。在安排下属王羽约见客户后，刘经理陪王羽同去拜访。到达后，刘经理发现接待他们的不是总经理而是公司的财务经理李坤，期间双方沟通也很愉快，走的时候刘经理对王羽说："接下来你跟李经理好好沟通，争取早点成功合作。"

几天后，刘经理问王羽沟通结果，王羽说："总经理没有回复。"刘经理说："你跟他们微信再沟通一下。"王羽说："我没加他们微信，也没有再跟进。"刘经理唏嘘不已。

智行解析

首先，没有沟通。刘经理没有跟王羽进行沟通和确认拜访顾客的情况，导致对方公司主要决策人不在，无法进行现场决策，是这次帮扶失败的原因之一。

其次，没有配合。两个人在现场没有互动配合，使王羽的角色缺失了，导致后期跟进不顺利。

最后，没有展示专业度。王羽作为项目的对接人，没有展示自己的专业形象，对于后期的跟进很不利，在这样的情况下，如果想要二次邀约客户的总经理也是十分困难的。

纵横职场

如果想要手把手帮助下属提高成交率，焦点在于如何进行有效的教学，推荐按照以下路径，跟下属共同完成，一定可以起到事半功倍的效果。

（1）带教前准备

首先要跟下属沟通此次会面的约见对象，还有一件关键的事情就是"提前确认"，需要在出发之前或是在前一天的晚上再次确认明天被邀约人会在现场，带教准备清单如表2-1所示。

表2-1　带教准备清单

带教软硬件准备清单	
1.公司产品资料	
2.相关资质证明	
3.带教要点说明	
4.确认见面关键人	
5.洽谈核心内容	
6.双方配合要点	
7.客户基本信息	

（2）互通信息

经理人要和下属通过沟通相互交换有效信息，以案例中情形，就需要了解客户公司的销售额、存在的问题以及前期沟通的进度等，这样可以知己知彼百战不殆，约见前尽量了解清楚企业情况。

（3）主讲辅讲配合

经理主讲，如果在经理主讲的过程中有遗漏，辅助人可以进行补充，这样既可以体现自己的价值，又可以做好配合。团队配合融洽、专业知识互补等能够给对方留下好的形象。

（4）做好会议记录

清晰了解客户公司情况、预计合作的项目、价格以及需要解决的问题，并一一记录，便于后期分析。如果当场不能解决的问题，后续研究就会有第一手的资料。见面结束后要留下客户联系方式并确定下次见面时间。

（5）陪同带教总结

见面结束后下属做好客户分析，与经理进行讨论，找出需要提升的地方，以及确定下一步的跟进方式辅导，如果还有需要二次拜访，帮助下属完成订单的签订。

「刻意练习」

根据自己下属的不同认知层次和技能情况，分析原因，进行一两次的手把手带教，找出基层员工核心突破点，提升其认知，帮助其走上高效能工作之旅。

实践训练一，_____

实践训练二，_____

实践训练三，_____

3. 如何提拔团队成员？

情景案例

KX 公司的罗主管以其出色的领导才能，成功地将团队的销售业绩由 800 万元提升至 2400 万元，这无疑证明了他的专业能力。然而，尽管他在此岗位上取得如此优异的成绩，却长达五年时间未能获得任何晋升。或许是公司发展过快，成绩好的员工，他也只是优秀中的一员，罗主管有点灰心丧气，多次萌生离职的想法，都在同事劝说后留了下来。

与此同时，张主管在她负责的区域内也实现了销售业绩的稳定增长。

公司高层注意到了她的潜力，并有意提拔她到总公司担任销售团队负责人的助理，然而，张主管却以"自身能力不足"为由婉拒了这一机会。她觉得公司管层官僚主义严重，怕自己难以融入，还不如求个安稳。遗憾的是，2022年，她的业绩出现了大幅下滑，最终，这位在公司服务了8年的优秀员工选择了离开。

为什么组织内有成绩的员工没有被提升，有什么方法让组织成员持续突破自己提升工作能力，为公司发展做贡献？

智行解析

首先，员工的出色表现必然会引起领导的关注。随着领导对其期望值的逐渐升高，他们往往会面临一个困境：既不想失去这位优秀的业务员，又希望能将其提拔至管理岗位。然而，这样的提拔往往伴随着风险——原有业绩可能难以维持。这就像是一滴水融入了广阔的大海，难以再凸显其独特之处。

其次，当领导识别到员工的能力和特质时，员工自身的意愿和选择也变得至关重要。如果员工有自己的职业规划或想法，不愿意接受提拔，那么这更多是员工个人的选择。在这种情况下，经理人需要有效地引导和支持员工的成长。

最后，职场人士需要转变思维方式。管理人员的核心职责在于挖掘和培养人才。他们不仅要帮助那些缺乏能力的员工提升技能，还要让已经具备能力的员工持续发展、更上一层楼。只有这样，职场人才能在职场中不断成长、脱颖而出。

纵横职场

（1）领导责任

郎平是人们公认的最好的教练之一，里约奥运会带领女排取得冠军的过程惊心动魄。作为主要进攻对手，朱婷有一个很大的短处就是接球辅助不行，正所谓："有一长必有一短"，而在奥运会的前两年郎平就对朱婷进行了特殊的训练，甚至冒风险，在比赛中把朱婷放在接球的位置，而不是主攻的位置。这些前期的牺牲就是为了后来的辉煌。企业管理者也应如此。

（2）给予机会

员工在一个地方发挥得不错一定要给予他更多的利益和锻炼的机会。员工能力越高，潜力更大，就要更加培养他，但是在同一个岗位上已经挖掘完毕了，没有更多的产出了，那就给他机会和挑战，给予更多的跨部门领导岗的工作。

（3）团队互动

公司各个部门之间的竞争与相互协作更能激发团队的活力，让大家更加融合，团队成员在公司大目标明确与一致的情况下，通过逐步授权、责任分担的方式，推动团队成员自主决策，建立真正有效的组织体系。经理通过推动这一过程的转变，并在其中寻找到组织内部的平衡点，才可能真正提升组织效率，达成赋能成员的目标。一滴水只有融进大海才能持续的追逐梦想，但是也容易被海水淹没，迷失自我。作为团队的管理者要善于营造有利于革新的团队文化环境，应该做到以下几点。

第一，不要怕用年轻人：年轻人有年轻人的活力和精力，没有自我设限，在他们看来"万事皆可为"，只要努力，给他们时间，他们就能创造出惊人的业绩。

第二，要相信学习的力量，团队可以学习，学习可以改变现有的能力，让团队积极学习和创作，"用未来的能力解决现在的问题"，看着好像很绕口的一句话，实际上就是要激发团队的潜能，让他们未来的能力今天就具备，创造新技术、新模式，解决当下遇到的经营困境。

第三，要有传帮带的精神：团队中要树立影响力人物，营造良好的企业文化，避免拉帮结派，你争我斗，形成内耗，成为无效率慵懒的组织。要以学习为基础、以学习为取向。学习型组织要有生命力，要能够像生命一样去繁衍，就要有"传帮带"的精神，有生生不息的能力，组织要有自我免疫的功能，能够处变不惊，面对问题时能思考、判断和推演，有禅定精神，不仅能够想到彼岸，还能够想到抵达彼岸的路径；组织要有系统作战的机制和精神，把工具化和匠人精神结合起来。

第四，赋能型的组织：不仅要持续学习，还要在学习的基础上将思考力转化为行动力。这就需要唤起员工的激情，给予其挑战，如果员工的工作内容刚好匹配他内心的志趣，他就能够自主地创造价值。组织的功能不是分配任务，而是将员工的兴趣、专长和组织发展需要解决的问题进行匹配，这种组织往往是灵活的、有机的。从某种程度上说，不是组织雇用了员工，而是员工使用了组织的公共设施和服务。同时，赋能型组织是一个文化载体，员工因为享受这里的文化，从而获得身份认同、使命认同。所以，公共设施不再是简单地提供后勤保障或员工福利，而是营造员工互动、交流和相互激发想法的场所。让最聪明的人待在一起，谁知道会碰撞出什么改变世界的好主意！

第五，打造一个去中心化的组织：去中心化的核心是让听到炮声的人来做决策，而不是让听到炮声的人打电话请示连长、连长请示营长、营长再请示团长做决策。打造去中心化组织的前提是培养最佳的前线人选，并赋予他们完成其工作所需要的责任和权威。所有决策过程都在执行层制定，自己的员工能够理性思考、果断行动，可以无拘束地跨团队交流。实现去中心化，可以大幅度减少公司的层级，比如 CEO 是一层，其他高管是一层，所有的员工是一层，每个员工和 CEO 之间只隔着其他高管这一层。当然，有些企业非常强调管理半径，削减层级未必可行，这样的话，重要的做法就是精挑细选每一个员工。一旦来了新员工，就全方位地对其进行培训，使之"全副武装"。建立精干的商业团队，使每个人都成为

"特种兵",能够独当一面,独立战斗。去中心化创造的不仅是决策和行动机制,更是营造企业文化的基本要素。

第六,让组织不断进化:有一个新概念叫"组织力",即企业的内生凝聚力和驱动力。组织力越强,企业增长或转型的加速度就越大。拥有强大组织力的组织,能够主动寻找边界,从而不断地进化和突围。这种进化既可以是内部挖掘,也可以是把外部资源带进来。对于创业公司而言,由于在不断重塑原有行业、原有秩序,这不仅需要成熟的运作经验,还需要创新思维。因此,不断进化的组织不仅知道自己不能做什么,并加以完善,还知道自己擅长做什么,并加以迭代。把组织更新到创业第一天的状态。在这样的状态里,每个人都能将自己的天赋转化为组织高效运转的驱动力,企业拥有巨大潜能。

「**刻意练习**」

根据自己公司所处环境和团队情况,选择正确的方法协助自己,激活组织成员活力,让他们自我成长,自我革新。

实践训练一,_____

实践训练二,_____

实践训练三,_____

4. 如何通过专业征服下属？

情景案例

吴丽华在公司的销售岗位工作了十几年，由于最近公司培训部从人事部分离出来，领导让她来接管。下属陈阳是一位有五年培训经验的培训师，陈阳明里暗里散播"在公司里没有人比我更专业了，培训负责人的位置就应该是自己"，得知领导这样的安排结果令陈阳很不满。

吴丽华上任后觉得应该调动公司所有优秀的人员参与到培训中来，于是她让陈阳拟定一份《兼职培训师制度》。半个小时后吴丽华收到了陈阳发给自己的文件，看看差点气得昏倒，百度文库的字样还在上面，明显就是粘贴复制过来的。

吴丽华本想发作，但认为自己不能太官僚，于是自己耐心的改正了两个小时，改了三十多处问题，吴丽华发给陈阳。陈阳拿到文件后，比较诧异，怎么会这么多处错误，自己也有点不好意思。

吴丽华从同事那里了解的，陈阳虽然对她的做事细心程度十分赞赏，但还是觉得并没有什么专业性，认为吴丽华只是挑错别字而已。如果你是领导吴丽华,你应该怎么办来征服这样的专业型下属,让他心服口服呢?

智行解析

首先,员工心理失衡,导致缺乏工作动力。虽然陈阳拥有专业知识和技能,但已经没有了执行任务的动力,表面上是一件小事情做不好,核心在于心态失衡。

其次,由于陈阳不满意公司安排,跟领导形成不良的团队竞争文化,后期对管理的难度大大增加。

最后,领导要依赖下属发挥专业能力把部门工作做好,所以必须用自己的专业征服对方,才能有可能发挥好团队合力。

纵横职场

要通过专业的方式赢得下属的尊重和合作,需要展现出高水平的专业素养和领导能力。以下是一些方法。

(1)展现你的管理专业性

作为领导应该展现出在专业领域的专业知识和经验。通过解决问题,为下属提供指导和分享见解来展示你的专业素养。

(2)发挥倾听者的优势

领导不能只顾着输出自己的观点,以及管理方法,还要广纳贤言,多听听下属的想法。不能一人独裁,要倾听下属的想法、需求和问题,表现出对他们的关注。要理解他们的观点，即使不同意，也要尊重他们的观点。以清晰、明确和透明的方式与下属沟通，确保信息传递准确，清晰的知晓下属的真实想法，才能有目标的针对性地解决问题。多鼓励少反对，鼓励下属勇敢地去尝试各种方法，只要不违背公司的规定、不违法，那么就充分的授权对方去做。但是要积极获取反馈信息，对于过程进行有效的监控，实时关注即可。

（3）支持下属的职业发展

支持下属的职业发展规划，并为之提供培训。把下属举荐给更高更合适的位置，了解他们的需求和优点，鼓励他们发挥潜力。

（4）学习统御能力

管理团队就如同带领一支军队，分工明确，有人担任总指挥，有人冲锋陷阵，但是也要有人承担后勤补给工作，这就是一个团队应该有的分工。相互配合才能打出漂亮的战役。作为团队的总指挥，既要有大局观思维，能够对作战方向和策略进行把控，也要学会因势利导，提升内部的有效竞争，让团队的人能相互帮助，但是也能互相良性竞争。所以，作为团队的领头羊、部门的负责人、团队的总指挥，上级也需要有一个学习的心态。不仅要熟悉业务能力，还要有更大的格局，以及统筹能力。

通过展示综合专业素养，你可以建立起一个工作高效、员工态度积极和员工间相互协作的团队，得到下属的信任和尊重。这将有助于创造一个成功的工作环境，促使下属更愿意积极合作并为共同目标努力。

「刻意练习」

专业可以有很多种，不仅仅指技术层面的一点专业能力，更是指综合管理能力的专业，将你的专业赋能传播给下属，让他们知道，你的专业水准。

实践训练一，_____

实践训练二，_____

实践训练三，_____

5. 角色如何转化，成为"教练"而不是"警察"？

情景案例

王斌在一家技术公司当部门经理，他的管理风格以挑剔和苛刻而著称。他虽然拥有很强的专业知识，但是却不会教人带人。看着一群"菜鸟"小弟，毛病一大堆，实在不得不开口批评，有时候很希望能像交通警察一样开两张"罚单"解气。

这一日，他对新人王辉工作散漫的行为忍无可忍，说了句"要干就好好干啊……"，结果下班就接到了王辉的辞呈。王斌也觉得自己的管理风格可能有问题，于是对王辉表示自己就是看他干活着急，王辉还是有很多优点的，好说歹说，才把员工留下来。但是长期来看，双方也都在疲惫的坚持，王斌的领导风格给团队带来了巨大的不稳定性。

被处罚和批评的团队，工作积极性下降，团队合作受到影响，员工不愿意分享新想法或提出建议。如果你是王斌，你该如何改善现状呢？

智型解析

首先，要了解员工不是机器，不可以随便批评，员工工作是为了实现自我价值，领导和员工要以平等的心态进行友好的交流，才能够激发员工的内在动力，否则团队很难有凝聚力。

其次，王斌虽然意识到了自己的管理风格有问题，但是却没有选择正确的提升方向。与员工对抗，还是妥协的方式都不可取，都无法起到真正的管理效果。

最后，好的管理者要放弃当警察开罚单的行为，而要选择当教练做导师的理念，帮扶每位员工找到自己的着力点，充分发挥自己的特长，让他们在竞技场中展现自我，互相补位，塑造完美的团队。

纵横职场

（1）利用 GROW 模型提升教练能力

GROW 模型如图 2-2 所示，是一套很好的教练程序，你要向下属陈述你的谈话目的，不要让员工觉得云里雾里，通过以下步骤来实现你教练员工的目的。

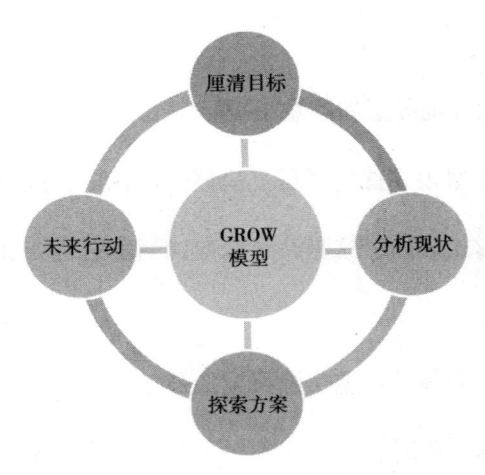

图2-2 GROW模型

①厘清目标：教练通过一系列启发式的问题帮助被辅导者找到自己真正期望的目标。

②分析问题：分析下属成长的动力和问题的原因，避免盲目下结论，设身处地地倾听。

③解决方案：最重要的是通过询问下属对当前问题的看法以及解决方案；通过提问鼓励创造性思考还有没有更好的做法。

④未来行动：与下属一起商讨行动计划，制定下一次的时间，并诚恳表达你对他的信心。

（2）运用教练GROW模型的前提

要相信对方拥有巨大的潜能。一个人的表现不佳，并不是因为他没有这个潜能，而是因为有干扰存在，从而影响了他的表现。所以，相信几乎就是一种信念，在没有看到对方表现的时候就相信对方有潜能。

（3）教练型领导辅导下属注意事项

①认同：教练型领导首先对员工应该表示认同，同时必须让员工对领导指导的内容和形式认同，这是一个双向沟通的过程，相互认同后，有利于后续的工作展开。

②目标：教练型领导根据实际情况给员工指定切实可行的阶段性成长目标，当一个目标完成时，再指定下一个目标，在制定目标时，必须量力而行，符合实际，尽量先制定短期目标，让新员工看得清，摸得着。而切忌目标高大上并且太过长远。

③指导：当帮助员工确定目标后，教练型领导要对员工的工作进行全面指导。指导过程分两个阶段，第一阶段：手拉手。就是要告诉员工每件事情应该怎么做；第二阶段：心连心。在这个阶段只需告诉他做什么就可以了。

④支持：员工在工作过程中，无论多么认真都会遇到许多困难，在这个时候，领导必须起到支持的作用，支持的内容包括资源支持、方法指导及精神支持等。

⑤严格：教练型领导带领员工时必须严格要求，必须让员工明白哪些是

"黄线",哪些是"红线",压黄线要教育改正,闯红线坚决杜绝,没有下不为例。

(4)教练式管理者与下属沟通的黄金七问

①你怎么看?

②你希望达成的目标是什么?

③为什么要实现这个目标?

④如何实现这个目标?

⑤还有哪些方法?还有呢?

⑥其中最好的/最重要的是什么?

⑦何时、何地、何人具体开展何种行动?

「刻意练习」

运用黄金七问提出问题,注意倾听,帮助下属厘清目标、分析现状、找出解决方案后强化他的执行信心,相信你一定能够锻炼出自己的教练管理能力,而不是成为一味挑毛病开罚单的领导者。

实践训练一,_____

实践训练二,_____

实践训练三,_____

第三节　提高团队协同能力

1. 如何运用 PDCA 循环进行管理？

情景案例

公司辖下的红星店近期一直经营疲软,当前的领导者是技术转销售,专业技术能力很好却发挥不出来,无法有效激发团队活力,销售业绩始终平平,且近期不断下滑,红星店面临关店的危机。

公司为了挽救局面,让储备经理王睿驻点支持,王经理也曾是销售经验丰富的员工,到店后积极辅导店面人员,做培训,做指导,忙得不亦乐乎。

然而,业绩并没有太大起色,老问题没解决新问题又出来了,按下葫芦浮起瓢,不知如何是好?如果你是王睿应该怎么做呢?

智行解析

首先，团队的管理是综合问题，即便是每个人都很优秀，都很好，最后团队还是可能不好，所以一对一的辅导工作并不一定能够收到效果。

其次，要让团队形成统一的目标和统一的计划，大家共同都知道怎么做，或许不用每天到现场指导，这样反而费时费力。

最后，好的销售不一定是好的管理者，好的管理者要懂销售，所以还要多学习，才能突破自己的边界，让自己成长。

纵横职场

PDCA循环

美国质量管理专家戴明发展出一套管理模式，称为管理循环（PDCA），如图2-3所示。

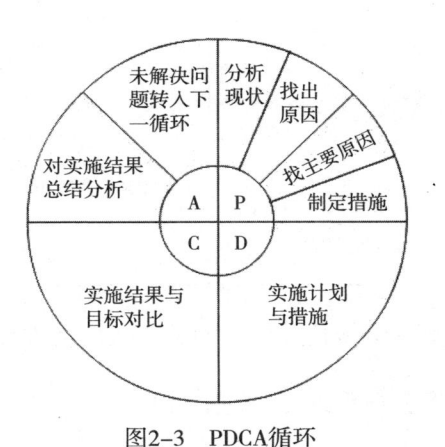

图2-3 PDCA循环

第一个阶段是计划（Plan）；

第二个阶段是执行（Do）；

第三个阶段是检查（Check）；

第四个阶段是调整、改善（Action）。

①计划。彼得·德鲁克精辟地阐述了管理的本质：管理是一种实践，其本质不在于知，而在于行；其验证不在于逻辑，而在于成果，其唯一的权威性就是成就。

②执行。通过管理节点找到问题的突破点，以店面业绩增长为导向，制定相应的解决方案并推动相关部门协同执行，具体如表2-2所示。

表2-2 门店问题分析及解决方案

调查问题点	增长破局点	执行动作
成交率仅有20%~30%	提升成交率到50%	全员讨论成交率提升方法 成交率高的店面负责人来分享经验 门店负责人紧盯成交率 销售技巧培训
店面人员对店铺关键指标的相关数据不了解	全店加强数据分析学习，店长参加管理提升计划	学习店面数据追踪分析方法
基础知识薄弱，销售习惯固化，不够灵活	改变成员销售认知和销售习惯	全员学习销售知识 主动突破自我思维设限 锻炼销售应变能力，突破自己

③检查。通过晨夕会帮扶及反馈相关团队成员成长信息，在赋能团队的监督下，让团队看见自我成长，具体如下。

已改善点：店长开会并进行数据分析；店长有意识去引导和改善。

待提高点：开会以店长为主，店长问一句，导购答一句，没有进行有效的互动和讨论；开会整体氛围不好，没有激情；对于店内人员的工作安排不合理，内勤和设计师未能积极融入团队；店内人员休息时间安排不合理，周五大家都在休息，只有 2 个导购上班，周六周日的安排没有提前做好预案。

④提高。

改变销售心态：不再坐等顾客上门，而是主动出击，寻求见面机会。

增加客户见面数的方法：上门拜访、方案沟通、问题处理等。

提升客户信任感的方法：从客户角度出发，为客户解决问题或提供增值服务。

改变销售思路、了解客户心理。

「**刻意练习**」

根据企业的经营情况，结合团队特点利用 PDCA，发现问题，制订计划，解决问题，有效追踪，让自己的组织更好，目标更容易达成。

实践训练一，_____

实践训练二，_____

实践训练三，_____

2. 如何有效组建工作小组？

情景案例

MK 公司零售经理从一线员工升职为销售负责人。随着公司销售规模的扩大，逐步暴露出诸多问题。在一场会议交流中，领导问："你团队有多少人？"王经理说："可能有三四十人吧，员工入职后工作表现得好就留下，不行就离职了，所以我也不知道。我每天主要抓销售任务和活动的事情，这些人事工作我就管不上了。人力资源主管补充说道："每次员工入职都是我面试后联系各个区域主管安排具体工作岗位。"如果你是领导，听到这里你会有什么想法呢？

智行解析

首先，作为销售团队的负责人，只有三四十人的小团队，应该了解每一位员工。某知名大型企业的董事长在公司有四五百人时，所有人都要亲自面试，保持公司核心团队成员能力素质和价值观一致。他工作的一年当中有三分之一的时间是在面试，建立团队的过程。这位销售负责人只看销售不管团队，没有意识到销售成绩是团队做出来的，不是也不应该是经理人自己冲锋陷阵的结果，销售的思维频道还没有转换成为管理思维的频道。

其次，由于不重视前端成员，导致团队成员进进出出，离心离德，没有核心领导者。合格的团队负责人应重视招聘，就像名校招生一样严格要求，成就团队成就品牌，这是经理人对自己的负责，更是对团队和企业的贡献。

最后，选拔的核心目的是让团队负责自己的团队文化、价值观和信念。李云龙到了独立团，第一件事是建立以李云龙为核心的领导团队，是赋能给全团每一个人，建立核心的重要性不言而喻。而这位销售团队负责人对这些熟视无睹，这是实在不应该发生的。

纵横职场

作为团队负责人该如何做好团队的组建工作呢？

（1）长期挖掘员工

作为团队负责人，组建团队是工作职责之一。发现好的员工要长期跟踪，培养接触。团队负责人要有长期挖掘人才的想法。

（2）赋能感召"Z世代"员工

跟以往大不相同，他们有自己的个性和想法。我们最好用感召、同频干事业的方式才能够吸引人来。乔布斯想让一位技术牛人加入自己的团队，但给的工资只是他原来岗位的五分之一，然而他见到对方后说的第一句话是:"你准备好改变世界了吗?"然后告诉他我们是在做一件改变世界的事,最后他成功了。有时候对不差钱的人来说,梦想和社会责任的赋能,更让人无法拒绝。

(3)建立自己的核心团队文化

寻找能够承载更大的责任,有更大的潜能的员工,为组建团队搭建框架。海底捞创始人张勇曾说:海底捞的核心竞争力在很大程度上取决于单店店长,取决于单店团队的成熟度。可见没有核心人才,其他都是"零"。

团队的人才选拔过程必须有经理人自己参与,核心的团队成员要是自己亲自挖掘到的,入职前后还要进行追踪评估,先用着再说,那便永远建立不起来自己的团队。招聘到好的员工并与其合作是非常重要的,所以在职场要时刻去挖掘和吸引优秀的伙伴加入,人才策略与业务匹配分析如表2-3所示。

表2-3 人才策略与业务匹配分析表

业务策略	业务重点是什么?需要员工具备的能力是什么?
组织结构	用什么样的组织结构聚焦资源?如何构建组织架构?
流程分工	岗位如何分工能够更高效地完成工作?
人才需求	既定的岗位分工需要什么样的人?需要多少人?
人才策略	哪些人可以内部获得?哪些人必须外部获得?哪些人需要从现在开始培养未雨绸缪?

分析不同性格的员工的行为特征以及思维模式,跟他们沟通协调的时候应该注意些什么,只有适应团队成员的培养模式才能把他们的能量发挥

到最大，实现团队的成功。

「**刻意练习**」

根据公司和团队情况，有效招聘选拔适合自己组织团队的人员，让自己团队快速有效运行。

实践训练一，_____

实践训练二，_____

实践训练三，_____

3. 如何有效领导团队？

情景案例

周泓进入公司半年后快速升为市场部经理，接下来要进行年初大促销，这是公司一年销售的"开门红"活动，所以周泓十分重视，早早就让下属收集竞争对手资料，并且制作相关方案。由于促销活动需要产品数据，所以还需要争取产品部的支持，才能完成。

然而，周泓把任务下达了三个星期方案也没做好，多次催促之下，下属把去年的方案简单复制后给了周泓，这让周泓气愤不已。他只能开始到处沟通，然而由于没有深入做市场调查，无法明确顾客的真正需求，也不清楚销售人员需要哪些支持，始终拿不准方案。最后总经理评估方案不成熟，还是使用去年的方案，确保不会出错。

本来周泓信心十足，没想到这件事后，大家对他的能力产生了质疑。周泓觉得自己很冤枉，明明是下属工作问题，自己却被质疑能力不足。如果你是周泓会怎么办呢？

智行解析

首先，领导与一线员工最大的区别就是"承担责任"，下属工作失误，有领导的责任；下属不作为，领导也要承担没有及时激励的责任。所以，最后就是团队任何人的责任都需要下属领导认责、反思，这就是能当领导的原因。

其次，无论什么情况下，安排任务后都要追踪管理，并且有汇报流程，有研讨节点，不能等到最后没有完成再后悔。时间控制就是争取最大的效能，必须保证领导有控制全局的能力。

最后，过程都是磨炼，没有做好就学习改进，没有必要颓废。被升职为领导层本身就是能力的体现，今后更要沉稳锻炼自己的领导力。

纵横职场

（1）把工作交给靠谱的人

员工有不同的类型，但靠谱是核心，他们分别对不同的关键点有自己的认知，如表 2-4 所示。这四种类型，都是初建团队中的核心力量，要懂得识别和挖掘，发挥他们的最大效用，案例中周泓如果选择一个时间敏感型的员工去负责这项工作，就可以避免这样的结果。

表2-4　四种类型员工及特征

四种类型	主要特征
自驱力型人	这类员工做事情有内在驱动力，根本不用上级敦促和监督，甚至不用给他们规定具体工作任务，他们也能持续的发现和捕捉工作任务为团队和公司创造价值
时间敏感型人	这类型的员工对时间特别敏感，什么事情都希望赶在规定时间之前完成，享受从容不迫的感觉，职场工作效率极高，是理想的助手
平衡协调型人	这一类员工具有很强的换位思考能力，能从多方面的视角出发，考虑到每个人的感受，平衡价值分配，多方协调之下把事情做成
终身学习型人	这种员工具有强有力的自我更新能力，可以在学中做、做中学，不断成长，每每可以突破自己，找到新的价值点及效能提升点

（2）聚焦工作效能

领导者的价值和时间主要是用来思考工作方向，而不是用来做具体的事物。一旦陷入具体事务中，忙得焦头烂额，就不可能有效领导员工，当然也就不能创造好的业绩。所以，领导者要把时间聚焦到更有价值的市场战略、管理效能提升上才是最佳选择。领导的工作如图 2-4 所示。

什么事情是必须做的？
· 制订行动计划
· 承担起决策的责任
· 承担起沟通的责任
· 专注于机会而不是问题
· 召开富有成效的会议

图2-4　领导必须做的工作

作为管理者还可以通过以下方法提升员工工作效能。

①工作日志。可以让团队写工作日志，把每天要做的事情都列出来。通过严格要求，训练团队聚焦价值产出的能力。工作日志格式如表2-5所示。

表2-5 工作日志

序号	工作内容	成果	完成	是否转出及承担者
1				
2				
3				
4				
5				
6				

注：每天列出6件事情，从最重要的开始做、事项取消也可以备注，模版为基础表格，读者可自行完善。

②例会强调法。新团队建立后，要有新的习惯产生，例行会议是最有效的方法之一，一般有早晚会、周例会、月例会等。企业一般用周例会加临时早晚会的形式。周例会把所有重要事情分配好，临时性的早晚会议可解决当天遇到的问题，如果没有问题，可以不召开，周例会工作进度表如表2-6所示。

表2-6 周例会工作进度表

周例会工作进度表			
月目标任务		完成进度	
本周目标		完成比例	
已经完成总结		收获分析	
未完成梳理		不足分析	
下周工作安排			

③视觉化看板管理。每个人要做的事情，不一定团队都能看得到，要让整体团队都了解任务推进的速度，可以利用看板管理。一般生产部门会根据交货期严格进行生产管理，其他部门也可以借鉴一下，团队任务及事件推进看板如表2-7所示。

表2-7　团队任务及事件推进看板

团队任务及事件推进看板		
将要做的事（to do）	正在做的事（doing）	已经完成的事（done）
工作/任务	工作/事件	工作/活动
工作/任务		工作/活动
工作/任务		

注　加上事件甘特图就会更加有效。

（3）构建学习型团队文化

让团队持续成长，这种团队有以下特点：

①团队成员都擅长学习，并以成长为乐趣，而不是一味只考虑赚钱；

②团队成员都非常愿意花时间，不断更新自己；

③团队成员都愿意在实践中学习，边学边干，边干边学；

④团队成员会开诚布公地分享，发表自己真实的想法和意见；

⑤团队成员都热爱阅读，遇到好书会彼此分享读书心得，共同成长。

「刻意练习」

从自我效能提升到管理带领团队是一个过程，可以根据自己所处的阶段和团队的状况，选择相应的方法、有效途径、利用三周的时间，如此一来团队就能养成良好的行为习惯。

实践训练一,_____

实践训练二,_____

实践训练三,_____

4. 如何匹配成员性格?

场景案例

KX 公司事业部副总经理需要一个助理,副总经理喜欢有挑战性的工作,喜欢变化和冒险,随时调整自己的计划,人力资源部李经理为其挑选的助理不仅都是名牌大学毕业的高才生,而且工作能力强,性格好。结果没几天这几名助理都纷纷辞职。

此后又找了几个助理也是如此。李经理很无奈,这位副总经理思维敏捷,自主意识强,李经理想详细沟通,厘清原因,结果还没说几句,副总经理火冒三丈,只能无疾而终。如果你是李经理该如何给这种性格的人匹配助理呢?

第二篇　初级篇　带好团队

智行解析

这不是能力问题，而是行事风格问题，必须找到合适的人，性格中相辅相成才可以，从案例来看，他们的行事风格不匹配造成矛盾。

原来经理匹配的都是 S 型人格，好像助理就应该是老好人，听话，但执行不够，协调不力，所以产生矛盾。匹配成员时要了解团队领导的性格，如此才能匹配到最佳的成员。

纵横职场

有效提升团队效能，需要领导与成员识别并匹配性格，从 DISC 四型人格的角度分析不同性格，进行能力和性格的匹配，从而构建高效团队，DISC 四型人格如图 2-5 所示，具体的人格特征及需要匹配的性格如表 2-8 ~ 表 2-11 所示。

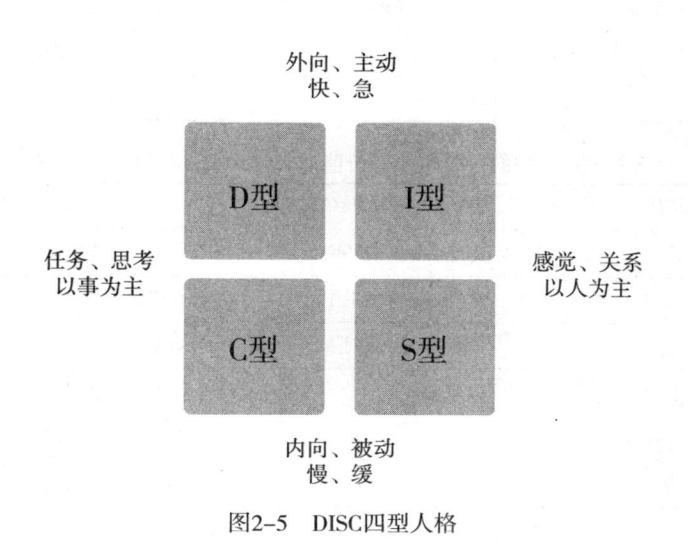

图2-5　DISC四型人格

表2-8　D型的行事作风、价值追求与需要伙伴匹配能力表

D型的行事风格	D型的价值追求	D型需要的伙伴
以问题为导向	享用权利	评估风险
对现状提出质疑	能够突破与改革	精算利弊得失
勇于接受挑战	能力眼光得到肯定	谨慎决策
下决心很快	不受拘束的环境	处理后勤细节问题
发号施令	有独挡一面的机会	计划协调能力强
行动积极	创新多变化	注重别人的感受
立刻要结果	行动力强	能用语言鼓舞士气
克服困难	不喜欢被监控	不具备野心

表2-9　I型的行事作风、价值追求与需要伙伴匹配能力表

I型的行事风格	I型的价值追求	I型需要的伙伴
喜欢交朋友	受到大家欢迎	能直述重点
善于说服他人	能力被肯定	针对事情作出理性分析
营造热闹的气氛	能发挥口才	客观
能振奋人心	团体活动	不被杂物分心
脑筋快,点子多	多元的人际互动	逻辑思维能力强
自由,不喜受拘束	不需细节和数字	贯彻到底的恒心
乐观,情绪化	没有太多制式约束	较好的自我管理
容易亲近	强烈获得团队需要	对人不持偏见

表2-10　S型的行事作风、价值追求与需要伙伴匹配能力表

S型的行事风格	S型的价值追求	S型需要的伙伴
决策态度谨慎	稳定有保障的环境	灵活的应变能力
忠诚度高	按计划进行的工作	接受突发状况
避免冲突	充裕的思考时间	勇于求新求变
对事专注且有恒心	成果获得肯定	一心可以多用
善于倾听与安抚	受到诚心的感谢	懂得适时表达拒绝
做事按部就班	兼顾家庭生活	不过分在意他人

续表

S型的行事风格	S型的价值追求	S型需要的伙伴
追求一致性	建立亲密团队关系	展现个人优势
乐于提供协助	标准化作业流程	能主动面对人群

表2-11　C型的行事作风、价值追求与需要伙伴匹配能力表

C型的行事风格	C型的价值追求	C型需要的伙伴
善于逻辑分析思考	品质与精准性	迅速的决断力
收集资料与材料	清楚的法规与制度	简洁而省事的方法
重视程序与规则	能有时间思考环境	说出关心与感谢
完美主义、高标准	具体的工作要求	适应变化、活用政策
自制力强尽忠职守	清楚的行为规范	坦率表达意见
具有批判性	知性的专业表现	参与团队运作
充满危机意识	独立思考的空间	充分讨论达成协议

「刻意练习」

配合专业、有条理的分析，就会事半功倍，结合自己以往识人、用人的手法，带出最佳的团队组合。

实践训练一,＿＿＿＿＿＿＿＿＿＿＿＿＿＿＿＿＿＿＿＿＿＿

实践训练二,＿＿＿＿＿＿＿＿＿＿＿＿＿＿＿＿＿＿＿＿＿＿

实践训练三,＿＿＿＿＿＿＿＿＿＿＿＿＿＿＿＿＿＿＿＿＿＿

第三篇 进阶篇
当好舵手

第一节　组织赋能

1. 如何赋能自己、他人？

外国有句谚语："no pain no gain"，没有辛苦就没有收获，一分耕耘一分收获，生活、工作、事业亦是如此。

面对客户如何从固有联系转向"价值输出"，专注产品和团队打造，形成服务增值和口碑传播，让产品和服务会说话。

赋能职场人的价值输出三部曲如图 3-1 所示。

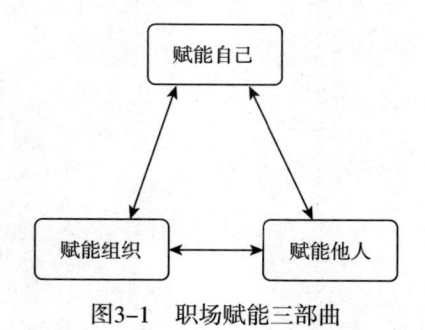

图3-1　职场赋能三部曲

（1）赋能自己

赋能自己需要不断学习充电，扩展自己的技能，增强自我市场竞争力，永不停息地前进。通过软技能的学习提升，赋能自己超越他人。有的人不愿意吃学习的苦，只好忍受当下的痛苦，使自己的能量越来越弱。所以要增加自己的知识储备，自我赋能成长。

（2）赋能他人

职场需创造共同成长生态圈，自己成长的同时也要为他人创造机会，让下属在工作中成长并找到自我价值感和成就感。当然也要在工作中得到物质满足，满足成就感的同时，生活保障也是不可忽视的，给予他们发展的机会，不断为他们的成长赋能，是体现赋能职场人价值创造的核心。

从职场人的角度讲，把自己的知识能量传递给他人，他人也会反过来为领导和组织赋能。一个团队就是一个整体赋能他人是把自己的知识、经验和资源与团队中其他成员共享的过程。使其有权力和有能力调动资源，完成任务，所有人各司其职，核心团队的赋能属性才能实现。

（3）赋能组织

为组织赋能应该致力于构建一个具有独特价值创造能力的组织，而且自己在这个核心中有不可替代的价值，例如一些足球俱乐部中会有条款规定，使球队支付给球员的工资总额得到限制，让球星和老板有一个公平的机制去分享所有的经济利益。这样形成了一个利益共同体，无论输赢大家都是赢家。这样的组织价值给成员以无限的活力，更让所有人趋之若鹜。

最终要打造一个这样的组织，让组织中的每个人都不断提升个人能力，而组织内部动态的运行反之能够激发每个人的斗志，去争取胜利。

2. 如何搭建组织框架？

情景案例

MK公司为了发展需要，聘请了王博士做经理。王博士运用"后台"支持"前台"的建构思路，设计出财务支持产品，产品支持业务的模式，并依据该思路调整了公司的组织架构，将其分为四大部门，即财务中心、产品中心、销售中心、管理中心。

刚刚设计时大家都拍手称赞，觉得这个逻辑清晰明了。然而，运行不到一个月就感觉问题很大。各个部门分立山头，以前想象的情景并没有出现，也没有形成后台支持前提，反而出现各个部门为了自己的利益，各自为政的现象，导致业务负责人离职，整体业绩不但没有提升，反而受到重创。王博士觉得理论跟实际不符合，好像所有的人都不好好配合，他不知如何是好？

如果你是王博士会用什么思路设计企业的组织架构并有效赋能呢？

智行解析

（1）组织架构三种基本类型

①科层制：是传统的组织结构的典型模式，总裁到副总裁到部门经理、主管、基层员工。这种组织架构对"老大"的要求最高，他一旦失误，组织就会损失惨重。这样的领导者各方面能力都要很强，从战略到技术，从业务到管理，从生产到销售基本都要弄懂，否则很难服众，也很难把控所有环节。传统的中小企业普遍采取这样的形式。

②矩阵式：公司里面有很多职能部门，如采购、信息、财务、人力等，同时有多个产品，如空调、洗衣机、电视机等，每个产品就是一个事业部。不同事业部共享采购平台和信息系统，这样的组织，大量的管理能动性都集中在事业部 CEO 身上。这也对中高层的管理能力要求非常高。

③网状结构：大家都是一个个的小团队，没有中心，根据业务的需要随时组建团队和成立项目部，不同的人员都是知识互补型，为客户服务。

（2）职场设计组织框架的原则

①让框架设计符合发展需求：企业组织结构的设计要适应企业的未来发展需求，同时尊重以往的执行习惯和人员能力，使组织成员执行起来简单容易，不能脱离企业实际运营情况进行设计，企业员工机械地适应新的组织结构，会影响组织效率和工作的开展。

②让做事的人有做事的权利：在企业发展过程中，会因环境的变化而使组织中各项工作完成的难易程度变化，从而造成企业的工作中心和职能部门的重要性也随之变化。因此在进行企业组织结构设计时，要突出重点工作和重点部门，同时负责人的全责对位。

③让做事的人有上升的通道：设计企业组织结构前要综合考虑企业现有的人力资源状况以及企业未来几年对人力资源素质、数量等方面的需求，以人为本进行设计，给团队以希望，给个人以通道，给组织以活力。

（3）架构设计核心理念"扁平化管理"

扁平化管理是最有效的管理方式之一，扁平化不设置更多的层级，如果企业自身的特性更加现代化，组织架构甚至可以无中心松散式，只有一个领导形式，完全根据业务形态去调整。京东运用的8150模式可以给我们更好的参考：

8150模式是京东组织架构设定的原则："8"就是要求每个管理者直接管理的下属不得低于8个人，如果不到8个人，就减少中间层管理者。"15"就是只有向一个领导直接汇报的下属超过15人时，公司才允许在同一个管理层级再增加一个管理者。"50"是指同一工种的基层员工不低于50人，只有超过50人才可以考虑设立第二个团队领导。

8150模式是的核心就是保证组织架构扁平，让经理人和员工的层级间隔达到最优。这启示更多管理者，设定组织架构要有原则可循，无论你的组织是三级还是五级，一定要有原则和依据。有些企业由于历史遗留问题，设置队伍没有任何原则，当然也就不会有好的组织效率。

扁平化管理对管理者的要求很高，大多数企业一个管理者面对七八个人已经焦头烂额了，如果同时真的有15个下属向你汇报，那说明你要扶持两个核心人员，作为对未来发展的储备，把自己的时间腾出来做更重要的事情。

纵横职场——企业架构图设计

战略可以被模仿，而组织力才是企业的竞争壁垒之一，企业人员是核心竞争力。业务一样时，不同的组织和员工做出来的效果就是不同。企业架构图设计理念拆解如下。

①背景：某企业集团为两家食品生产公司合并而成，对外是一家公司，实则集团初建，人员还未融合。

②框架：两家公司层面独立运作，框架组织为职能型组织，把未来发展的"拓展品牌战略"先行构建起来，暂时只有"酒业"是有小雏形的，其他业务还没有，但已经开始提前规划，为集团未来发展铺路，以增加合

作伙伴的信心和希望。

③综合:"综合管理办公室"把集团的财务、商学院、人力资源全都放置进去,当集团壮大后完全可以拆分开来做事情,暂时由总经理直属领导,赋能全集团。

④组织:组织其他各个岗位根据当年的重点情况增补设定,各司其职,平行有序,便于考核管理。

纵横职场——执行理念与原则

(1)执行原则一,架构的业务导向性

组织框架设计根据业务梳理,第一件事情梳理未来三年的战略,这是最重要的事情。第二件事情画架构草图,因为架构草图都是跟着业务走。三件事情圈出核心岗位,找出核心岗位的胜任素质,因为在面对未来三年的业务和目标的变化的时候,能力都会发生巨大的变化。

(2)执行原则二,胜任力的关键

胜任力50%是现在的能力,50%是未来配套战略所需要的新的能力,要把现在已经在岗位上的人,根据胜任力建模盘点一遍,是否胜任当前的岗位,并进行有效协调。

(3)执行原则三,组织架构必须激活

新的管理干部上任后,要明确各个部门之间的协同,该怎么做业务,该怎么做决策,该怎么做才能保证这个组织正常运营等事宜。

「刻意练习」

根据公司现有的三年到五年的规划,评估自己公司需要增设和减少的部门,根据有利于公司业务发展的原则导向,重新拟定一版公司组织架构图。

1. 公司三年到五年的愿景是什么?
2. 未来什么部门是公司的核心部门?
3. 各个部门如何配合才能更好地创造价值?

3. 如何有效激活组织?

情景案例

随着市场环境的不断变化,某集团为了更好地适应市场需求,决定创立一家分公司。分公司不再仅仅局限于生产,而是需要根据市场动态运作来提升产品的盈利能力。市场部经理魏哲被任命为这家新公司的负责人。

起初,经理魏哲对新公司的市场前景非常看好,领导层也给予了大力支持。然而,随着业务的逐步开展,魏哲发现企业的运营机制存在诸多问题,导致许多有益于业务发展的想法和计划难以得到有效执行。

在一次重要的线上销售活动中，问题暴露得尤为明显。由于库房员工的发货效率极低，导致大量订单延误，消费者的消费体验受到了严重影响。这不仅损害了公司的品牌形象，还可能导致客户的流失。

深入了解后发现，公司员工的工资水平主要根据入职时间确定，而不是根据员工工作绩效或贡献。这导致销售、财务、市场、行政、库房等各个部门的员工工资几乎相同，缺乏激励作用。而且，员工在年底的奖金也很少，难以激发他们的工作热情和积极性，这让魏哲感到十分头痛，你是经理魏哲，如何推动改革激活组织呢？

智行解析

如果不打破这种"大锅饭"式的绩效管理机制，企业将无法焕发真正的活力。在这种机制下，员工往往人浮于事，缺乏明确的目标和动力，得过且过地度过每一天。这样的状态不仅扼杀了员工的创造力和进取心，也让整个组织陷入了一种消极、懈怠的氛围中。因此，必须从根本上改变这种不合理的绩效管理机制，才能真正激发企业的活力。

构建适合企业的绩效考核机制是至关重要的。一个科学合理的绩效考核体系能够客观、公正地评价员工的工作表现和贡献，从而为员工提供明确的努力方向和目标。然而，如果企业仅仅依靠过去的资源和成绩来维持现状，不思进取，那么最终将会被外部竞争淘汰。因此，组织需要不断进行变革和创新，以适应不断变化的市场环境和客户需求。

纵横职场

构建适合企业的绩效考核机制以及引入内外竞争机制是推动企业发展的关键所在。只有通过这些举措，企业才能真正激发员工的潜力和创造力，实现持续、健康的发展。

（1）"271"法则

作为管理者，激活组织的过程中可以运用 GE 公司的"271 法则"，如图 3-2 所示。

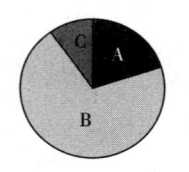

A.业绩最好的员工占20%　　B.业绩中等的员工占70%　　C.业绩最差的员工占10%

图 3-2　271法则

"2"是指团队中 20% 的员工是核心员工，应该给予其更大的目标和舞台，培养其成为团队的领导者。

"7"是指团队中 70% 的员工是要培训成为技术骨干，给予培训成长的机会。

"1"是指团队中 10% 的员工不能胜任目前的工作，可以将其调整到其他可以胜任的岗位，发挥他们基础工作的价值，这样组织激发带头的员工，培养中间的员工，调整或培训能力不足的员工。实现组织成员优化；组织负责人应该把精力放在激发 20% 的核心成员创造力上，才能让组织保持活力，从而为组织赋能。

（2）员工薪酬绩效考核

综合绩效改革措施一、面对这种情况，魏哲决定采取一系列措施来激活组织，并制定了绩效考核表如表3-1所示。

①建立绩效薪酬体系：提议建立一套基于绩效的薪酬体系，将员工的工资与他们的贡献紧密挂钩。这样，表现优秀的员工可以获得更高的收入，从而激发大家的工作动力。

②设立奖金和激励机制：除了基础工资，还建议设立各种激励机制，如销售提成、项目奖金等。这将鼓励员工积极参与公司的各项业务活动，为公司的增长贡献更多力量。

③明确职责和目标：与各部门负责人沟通，明确各自的职责和目标。通过制订清晰的工作计划和期望，使员工更加明确自己的方向，提高工作效率。

④加强内部沟通和协作：为了打破部门壁垒，提高团队协作效率，推动定期的内部沟通会议，促进各部门之间的信息共享和合作。

综合绩效改革措施二、推挤升级销售和服务人员绩效考核表。

表3-1 后台服务人员与一线销售人员挂钩的绩效考核表

考核项目	考核指标	权重	自评分	上级评分	备注
客户服务质量	响应速度				
	客户满意度				

续表

考核项目	考核指标	权重	自评分	上级评分	备注
内部协作	与销售团队沟通与合作				
	对销售需求的响应与满足				
	跨部门项目完成情况				
销售支持	销售支持满意度				
	对销售团队业绩的直接影响				
	提供的支持与帮助所带来的业绩提升				
客户反馈	客户满意度对后续销售的影响				
	客户对后台服务的正面反馈				

注 此表格仅为参考模板，具体考核指标和权重可根据企业实际情况进行而定。

1. 自评得分：由员工根据自己的表现进行评分。

2. 上级评分：由员工的直接上级根据员工的表现进行评分。

3. 权重：表示该指标在整体考核中的重要性。

（3）晋升合伙人制度

企业经营的合伙人制度，让每个人都可以有多条晋升路径，可以通过行政上升管理层级，也可以从专家晋升管理层级。如表 3-2 所示为某企业的人才发展体系。

表3-2 企业人才发展体系

P级别	基本定义	对应M级别	基本定义
P14	企业创始人	M9	集团CEO
P13	首席科学家	M8	子公司CEO
P12	科学家	M7	资深副总裁
P11	高级研究员	M6	副总裁
P10	研究员	M5	高级总监
P9	资深专家	M4	核心总监

续表

P级别	基本定义	对应M级别	基本定义
P8	高级专家	M3	资深经理
P7	技术专家	M2	经理
P6	资深架构师	M1	主管
P5	架构师	—	—
P4	初级专员	—	—
P3	助理	—	—
P2	一般员工	—	—
P1	初级岗位	—	—

总之，要激活组织，就要让人员动起来，有上升的通道，有进步的思想，这样才能调动员工的积极性，成就伟大而优秀的组织。

「刻意练习」

根据组织自身的特性，从晋升通道、竞争机制、思想价值观考核引导方面入手，来有效改进组织机制，成就非凡。

实践训练一，_____

实践训练二，_____

实践训练三，_____

第二节　实现企业战略

1. 如何制定有效的企业战略规划？

情景案例

赵琦，作为一位在公司中表现卓越的区域市场经理，被夏总所看重，夏总经营公司多年，尽管公司运营稳定，但规模始终未能实现更大的突破。为了寻求赵琦的专业帮助，夏总承诺与其共同作为合伙人，携手推动公司向新的高度迈进。

赵琦希望能够通过一套行之有效的战略计划来推动公司发展，于是在公司内部启动了一项问卷调查，旨在了解员工的意见和期望，调查的结果显示，很多人认为："我们企业规模尚小，年销售额尚未突破5000万，员工总数也仅有六十余人，企业的成长壮大是老板的事情，我们只需执行老板的决策，不需要参与战略制定。"

赵琦倒是认为，这正是原因所在，因为大家没有战略意识，公司战略目标模糊，只是想做大、做好公司，具体做成什么样子，往哪个方向发展，是追求短期利润最大化，还是做品牌口碑追求长期发展，赵琦想跟夏总好好沟通一下，明确公司的核心竞争力和未来发展方向。

然而，夏总就是因为不懂这些才请赵琦来的，如果你是赵琦，面对这样的局面，如何才能制定一套行之有效的明确战略的解决方案呢？

智行解析

首先，员工要认知到战略不是可有可无的。战略是能够保证企业赢得竞争胜利的关键，做事情可以效率不高，但是不能方向不正确，方向不正确，做得越好错误的越离谱，正因为没有战略，所以公司才发展不起来。

其次，再小的公司都需要有战略，就像再小的船也要有指南针才能远航。

最后，战略的落地要有着手点，企业战略要关注市场，关注用户，关注竞争对手。所以作为新任领导者，在战略制订上要考量专家意见，公司盈利水平，消费者偏好等。

纵横职场

（1）战略制订说明

企业战略必须从以下特点出发，才能使战略发挥最大作用。

①全局性：必须从组织全局的角度出发，确定组织发展的远景目标和

行动纲领。

②长远性：战略的着眼点是组织的未来，是为了谋求组织的长远发展和长远利益。

③纲领性：战略是一种概括性和指导性的规定，是组织行动的纲领。

④客观性：战略的建立必须是建立在对内外环境客观分析的基础上。

⑤竞争性：战略的一个重要目的就是要在竞争中战胜对手，赢得市场和顾客。

⑥风险性：战略着眼于未来，但未来充满不确定性，必然导致战略方案带有一定的风险。

（2）从市场切入做战略规划

从分析市场机会入手，可以分成三个阶段：

一阶段打地基：明确企业为哪部分客户服务。希望在目标客户心目中占据什么位置？目标客户非买不可的理由是什么？竞争对手是谁？

二阶段盖房子：把完整产品清晰地描述出来，把企业 5 年后要达成的目标清晰化，把建立竞争优势的路径设计好，把独特的商业模式想透彻，把成功要素和主要挑战分析清楚，把组织架构和财务分析做细致。

三阶段做装修：即把战略任务分解成一个个战术动作，落实到责任人，明确考核标准和考评时间。

总之，战略探讨的是企业未来的发展问题是从完整产品的角度去寻找差异化，而不是简单地去生产同质化的产品；是强调品牌的特色和个性，而不是强调产品的功能和价格。

企业总体战略明确以后，就要让各个职能部门根据总体战略去制订自己本部门的实施计划，并协同其他职能部门完成跨部门协作。

（3）战略分层推进

战略的落地从公司层面战略到事业部战略，再到职能战略，最后细化到战术层面，才能在企业内有效推行，战略推进及重点关注事项如表3-3所示。

表3-3 企业战略推进

战略落地层级	关注重点
第一层：公司战略	强调"做正确的事情"，如发展战略
第二层级：事业部战略	即"在我们的每一项事业里应当如何进行竞争"，如成本领先战略、差异化战略（或称别具一格战略）、集中化战略
第三层级：职能战略	即"我们应该怎么支撑总体战略和事业层战略"，如市场营销战略、人力资源战略、财务战略、生产战略、研发战略
第四层级：战术	强调"如何将一件事情做正确"，重在具体事情的方式、方法、规范等

「刻意练习」

根据自身组织的情况，依据战略的属性，从战略的执行出发，针对市场用户诉求进行战略梳理，整理出企业三年到五年的有效可行的战略规划。

实践训练一，_____

实践训练二，_____

实践训练三，_____

2. 如何通过召开会议执行战略？

情景案例

KX 公司绩效会议起初只有高层参加，十几个人开会，探讨公司每月经营计划，公司大领导点评，后来为了促进公司员工学习和成长，扩大到中层关键部门人员都参加，希望推动公司战略执行。

然而，情况并不尽如人意，四五十人参加会议，发言的中层就有将近 20 人，一天下来不仅所有人都感觉疲惫，还达不成任何结果，长此以往导致了高层不再主动带头总结，都是中层总结工作，高层成了点评人员，无形中多出来一群只看别人做的领导。

这样的会议让大家叫苦不迭，但是高层却乐在其中，大领导虽然知晓，但是也没有更好的方法。

如果你是领导会如何调整会议，促进战略执行落地呢？

智行解析

首先，无论什么会议，都要尊重"无目标不开会"的原则。组织者和主持人一定要提醒自己会议的目标是什么？案例中的会议，目的太分散，不够聚焦所以导致几方都疲惫。

其次，无准备不开会。成员发言时间，发言内容，提前把材料准备好，发言人也要充分了解自己的目标性，有效表达才可以，否则不要参加会议。还要根据会议目标设定会议议程，合理分配计划未来、总结过去、陈述问题、解决问题，领导层给予适度赞美并点评的时间。

最后，无决策不开会，从某种角度讲，会议一定要有成果，从建议者、决策者、执行者的角色分工进行决策采集，让会议更有意义。

纵横职场

（1）建议改成三种会议

做成一件事前需要开"共创会"，中间开"共识会"，结束后开"复盘会"，有这三个会议做支撑就可以使战略有效落地。

①共创研讨会：职场中无论什么事情，一个人的力量是有限的，团队的创意是无限的，所以会议负责人的任务就是串联相关人员，激发团队斗志，找到最佳工作方案和路径。

②共识传播会：事情只有达成共识，才能有效执行，让所有相关人员理解这样做的意义和作用，争取更多的支持，方便工作成果达成。

③共享复盘会：职场中每件事情都会有结果，好的结果是所有人员共同期望的，如果达成了，那么要总结经验，把成功的经验积累起来进行推广，扩大成果效应。如果没有达到预期，也要开会找出失败的原因，从失

败中获取成功的经验。

（2）充分吸纳成员想法

①尊重歧义想法：会议上先从数量入手，获得尽可能多的成员想法，主持人不断激发参会人员积极思考，多提解决问题路径与方法。

②鼓励自由畅谈：鼓励团队成员畅所欲言，也鼓励讨论别人的想法，最终把大家的想法串联起来，更深入挖掘一切可能性。

③促进达成共识：在会议初期鼓励发言，禁止批评，也不做评价，判断要延迟到会议结束时才能进行，筛选出大家有共识的解决方案。

（3）职场开好会议的五个步骤

会议的具体步骤如图3-3所示。

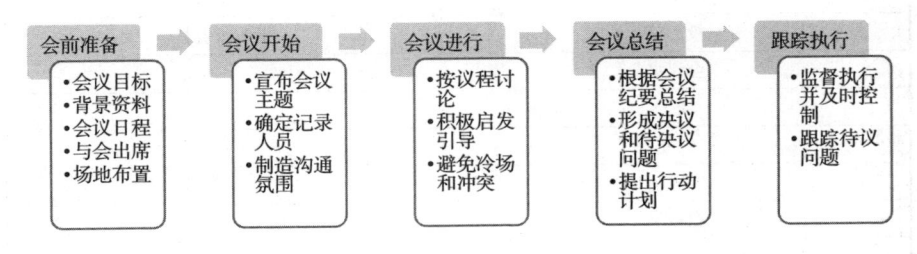

会前准备	会议开始	会议进行	会议总结	跟踪执行
• 会议目标 • 背景资料 • 会议日程 • 与会出席 • 场地布置	• 宣布会议主题 • 确定记录人员 • 制造沟通氛围	• 按议程讨论 • 积极启发引导 • 避免冷场和冲突	• 根据会议纪要总结 • 形成决议和待决议问题 • 提出行动计划	• 监督执行并及时控制 • 跟踪待议问题

图3-3 职场会议的步骤

①会前准备：会议前必须把材料全部准备好，发言人的PPT和文案提前一天都要给到会议组织者，所有人都通知到位，材料都打印好（每人一份或是只给核心领导准备一份）准备清单如表3-4和表3-5所示。

②会议开始：宣布会议主题，确定会议的记录人员和讨论要点让大家可以快速地进入状态。

表3-4 会议策划清单

会议策划清单	Y or N
确定会议背景	
确定会议目标	
确定与会者	
确定决策方法	
确定会议所需要的设备是否齐全	
通知与会者会议的时间和地点	
制定一个储备的议程表，注明会议的目的和目标	
把逐步议程发给重要的与会者和其他利益相关者	
最终确定会议的议程，并发给每个与会者	
把需要准备的报告或是议题发给与会者	
核实哪些关键人物将出席会议	
会议行政准备是否完成	

表3-5 高效赋能会议行政准备清单

会议行政准备清单	
笔记本	电子版资料
投影仪	纸质版资料
会议桌	—
椅子	—
灯光	—
激光笔	—
白板笔	—
白板	—
签字笔	—
区域标识	—
座位牌	—
茶歇	—

③会议进行：会议进行中要注意每个人的发言时间，提问互动时间，一般控制在15～20分钟为好，领导或是同事提问的时间不算在其中，让大家就问题充分交流。主持人要进行串联和关键节点时间的把控，同时调

动气氛，避免冷场。

④会议总结：根据会议内容形成决议，如果不能在会议上形成决议的课题，设定下次会议讨论时间，可以执行的内容现场细化出执行步骤。

⑤跟踪执行：会后对会议决议进行监督跟踪，不能会后放任自流。跟踪问题不断深化解决才是王道，如表3-6所示。

表3-6 工作例会——会议纪要跟踪表

时间：						会议主持：	
地点：						纪要记录：	
参加人员：						缺席人员：	
一、本周讨论议题							
序号	事项	具体内容				需跟进说明	
1							
2							
二、本周公告							
序号	事项	具体内容				需跟进说明	
1							
2							
3							
三、本周成员工作							
序号	事项	开始时间	完成时间	负责人	协助人员	要求说明	完成情况
1							
2							
3							
4							
5							
6							
7							

「刻意练习」

根据自己公司和团队的情况，参照开会的流程和原则，总结自己开会的不足，找出提升效率的关键点并实施。

实践训练一，＿＿＿＿＿＿＿＿＿＿＿＿＿＿＿＿＿＿＿＿

实践训练二，＿＿＿＿＿＿＿＿＿＿＿＿＿＿＿＿＿＿＿＿

实践训练三，＿＿＿＿＿＿＿＿＿＿＿＿＿＿＿＿＿＿＿＿

3. 如何复盘团队战略执行？

情景案例

雷军在最忙的时候，经常早上9点上班，到了凌晨一两点，还在开会。有一天下班的时候数了数，一天下来，他居然开了23个会，让人无法置信。

可见会议的重要性，而会议的核心是为了总结经验，提高效率，执行战略。这样就不得不说一种会议的作用极大，那就是复盘会议。

复盘会议让平时管理中鞭长莫及的部分，通过"复盘"还原出来，从而快速提升企业管理水平和竞争力。

智行解析

（1）复盘目的

①避免重复犯错。

无论个人还是团体，通过复盘可以避免重复犯同样的错误，个人重复犯错会导致原地踏步，企业重复犯错必将裹足不前，最后到达岌岌可危的地步。

②识强弱，巧分工。

对于团队的复盘就是人和事情的匹配，让合适的人做合适的事情，找出管理项目中的薄弱环节，让大家充分地进行磨合和匹配。

③找到关键，胜在细节。

掌握全盘的细节，环环相扣，在细节中锁定成功，高手之间的对决就是细节的较量，细微之处见证实力强弱。

真正的复盘一定要对成功的关键要素或者失败的根本原因进行分析，从中学到经验和教训，而不只是简单地回顾或回想，更要与绩效评定与奖惩适当区分开。

（2）复盘步骤

应用在企业管理中的"复盘"是从过去的经验、实际工作中进行学习，帮助管理者有效地总结经验、提升能力，实现绩效的改善。

①回顾评估。

首先要梳理事件的过程与结果，回顾预期的目标、策略打法与实际结果。将实际结果与预期目标进行对比评估，找出一些有学习价值或意义的差异，主要是亮点或不足。

②分析反思。

经过对比，发现差异，找出亮点与不足，对此，要进行深入的分析、反思，找出根本原因，以便"知其然，知其所以然"。事实上，只有真正搞清楚了为什么会形成这些亮点或产生这些不足，找到关键因素，才能进一步提炼、形成经验或教训。

③萃取提炼。

在找出根本原因之后，要"跳出圈外看圈内"，思考一下，从这个事件中，我们能学到什么？也就是说，什么是这类事件产生的核心规律？哪些做法是有效的，值得继承或推广？哪些做法是无效的？我们保留那些可以普遍推广的内容道理和原则。

④转化应用。

复盘的目的是更快、更好地行动，所以，将总结提炼出来的经验与教训转化到自己的后续行动中。看看需要开始做什么、停止做什么，以及继续做什么？或者，要做哪些改进？作为职场要敢于复盘，敢于改变，敢于开始，敢于叫停，只有这样才能带出来一只铁军团队。

要注意的是，在复盘时仅仅注重问题分析与解决，可能无法发挥威力，因为过于关注工作任务或问题本身，会削减"反思"和"学习"的成分，达不到复盘的效果。作为职场复盘不是让管理者去"低头拉车"，而是"抬头看路"，更好地洞悉本质、把握关键，快速创新应变。

职场只有通过复盘，才能让团队有无限可能，无限成长。

「刻意练习」

在本月安排一次"复盘会议"，设定目标，开诚布公地讨论和复盘某项决策执行前后的情况与反思，构建自己团队的复盘能力系统。

实践训练一，_____

实践训练二，_____

实践训练三，_____

第三节 实现自我价值

1. 如何实现财务自由？

情景案例

李林进入 DK 集团工作做一名储备干部，起步收入虽然与理想有较大差距，但李林始终有财务自由的梦想，DK 公司有 1500 多人，年销售额三四十亿元，李林想着自己好好干，一定有机会。

半年时间很快过去了，刚好来到年终，大家发奖金讨论收入，并讨论明年加薪的事儿，随着了解的深入，李林感觉越来越惆怅。公司效益再好，财务自由的也就是几个老总，而且都是跟随老板多年创业的人，像自己这样进入公司的，每年正常的工资涨幅也就在 5%，这要什么时候能够财务自由啊，若跳槽自己现在的能力又不具备，也不能涨薪！

如果你是李林该怎样才能实现自己财务自由的梦想呢？

智行解析

首先，我们要了解的是在职场里面你要赚100万元，你给公司创造的综合价值要超过1000万元。有人觉得几个老总不就跟老板创业的早吗，又没有什么能力，但是你不要忘了，他们的忠诚度价值和前期投入是新人无法具备的，所以他的综合价值绝对超过100万元。

因此，与其在职场里面赚取老板的百万收入，不如把自己当作一个经营实体，工作薪资只是收入的一部分。要以自我为中心创造的综合价值超过100万元，让自己成为百万价值资源的集合体，只要你有价值，收入自然会来，最终得以实现财务自由。

最后，真正实现财务自由的人，他们工作的想法异于常人。他们来到公司里就是为了挖掘资源，锻炼自己，学习经验，从工作中获得人脉、经济收入、机遇的。

纵横职场

（1）超前思维，快人一步

告诉你一个不争的事实，有钱有资源的人，自己就是经营体，总是快人一步。在你还过假期的时候，他的生意已经做完了，而你还在思考年底奖金是多少，明年涨多少工资。把自己当作经营体以后，要抓住每一个对接资源和整合资源的好机会。所以，年薪百万的目标不是靠跳槽解决的，是你整合了多少有价值的资源，抓住了多少市场机会。

还是那句话："不提高认知，你永远赚不到认知以外的钱。"

（2）高目标、高品质、高投入

让自己脱颖而出，解决别人解决不了的问题。

①高目标：让思维之火持续燃烧。财务自由的人，在他们的字典里没有"不可能"，而是一直考虑"如何能"。他们给自己设定较高的目标，来激发自己的斗志。让自己持续不断地思考这件事情如何能够达成。正是由于超长时间的投入，持续不断的努力去做，在别人都想象不到的地方找到突破口。

②高品质：创造怦然心动的感觉。财富自由的人拿出来的成绩和作品，总能够让人产生"怦然心动"的感觉，甚至令人尖叫，例如，苹果手机、我们使用的微信、这些公司的中层都是百万年薪收入。因为他们拿出来的作品可以征服市场，创造的价值足够震撼同业，如果没有惊艳伙伴的作品和成绩，想要期望收入的提升，自然是天方夜谭。

每一个高品质产品和成绩的背后，都是对自己的严格要求，从眼光到知识技能全部要升级再造才可以实现，做事精益求精，做人求新求变。

③高投入：成就自己热爱的一切。财务自由的人，把所有的事情当作自己的事业来高度投入，为了一件事情，死磕自己，不达目的决不罢休。研究一个问题，只有全身心高度投入，才能突破当下的禁锢，条件的束

缚，成就非凡的作品。哪怕一页PPT，一个客户洽谈，一个员工辅导，他们不是在为赚钱而做事，他们是为了成就自己热爱的一切。

（3）专注做事，创造价值

有时候我们听很多培训讲："你要高喊，我是百万富翁，要有这样的自信"，洗脑和可笑之处溢于言表，然而，他们也提供给那些迷茫者一种情绪价值不在于他是否忽悠了你，而在于他提供了情绪价值，并把价值变现了。在实际工作中，我们能够找到实实在在的价值，并不断付出，相信一定能够为自己创造更多的收益。

一名销售人员，经常有客户让他帮忙联系仓储，他也热心帮忙，结果副业干多了，对仓储行业的价格和位置、物流成本等十分了解，又有客户，自然而然就做成仓储物流的老板了，付出的资源到位了，资源会自动匹配到你身上，回馈给你。

（4）多种技能，多一份收入

可以多学技能，多个层面收入，做一个斜杠青年。著名作家冯唐，就是既做咨询顾问又写书，最后书被拍成电影，自己还搞投资，把一项事情做透，再横向发展。

（5）创业项目准备

看市场找机会，找到自己的场域和创业的土壤，让自己有机会创造属于自己的事业。了解投资人会看中什么，什么才是能被投资人认可的好项目，并愿意投资给你，需要考虑以下五点，是投资者经常会问的问题：

①是不是刚需：创新创业有风险，所以项目是不是刚性需求就显得十分重要了，若关乎消费者的吃、穿、住、用、行、教育、医疗、养老等刚性需求，这样成功的可能性会大很多。

②有没有空间：假如是刚性需求，但是是市场很小，那么，投资人也不会感兴趣，比如有一个创业者，做了一个电动汽车的防尘罩子，要在汽车顶上安装，可以自动打开，看起来是"行"的配套，实际上需求量很小，没有大面积推广的可行性，所以没有发展的空间。

③怎么样赚钱：这个就是商业模式了，无非两种，一种是赚用户差价的钱，一种是赚第三方的钱。当然要细分还有很多，所以关键看如何赚钱，赚谁的钱，这是你的商业模式。

④为什么做：这是个核心话题，有市场、有需求、有潜力，能赚钱，那么你凭什么能做，你有什么资源，你有什么独特之处，你的优势是什么，为什么你能做成功。

⑤如何设壁垒：项目有什么壁垒，是不是很容易复制和被抄袭，曾经

有一个奶茶店，可以说一夜爆火，但是没有什么壁垒，随便谁都可以模仿，没几天旁边又开了很多模仿的店面。该奶茶店产品单一，产品被竞争对手模仿、于是几个月就倒闭了，所以竞争壁垒作为"护城河"是十分重要的。

总之，职场只是个人成就自己的平台，是你学习和成长的道场，与其期望别人给你百万年薪，不如多维度思考，自己如何能创造千万价值，成就自己的财务自由梦想。

「刻意练习」

根据自己的现实情况和预期，从职场工作的每件小事出发，认知工作，全身心投入，创造价值，整合资源，等待机会的到来，相信百万收入在不远的将来等着你。

实践训练一，＿＿＿＿＿＿＿＿＿＿＿＿＿＿＿＿＿＿＿＿＿＿＿＿

实践训练二，＿＿＿＿＿＿＿＿＿＿＿＿＿＿＿＿＿＿＿＿＿＿＿＿

实践训练三，＿＿＿＿＿＿＿＿＿＿＿＿＿＿＿＿＿＿＿＿＿＿＿＿

职场高效能工作法：为你的成长赋能

2. 如何完成"自我实现"？

情景案例

华为任总说了一句话："一人一厨一狗"就代表了最新的华为精神。有个小伙子刚毕业不到一年就被华为公司派往科摩罗群岛，那里只有10万人口，每天只有一两个小时能用电，生活很艰苦。一个人去开拓业务他很寂寞，就找了只狗陪自己，当然吃的也不好。华为公司就给这个小伙子派了个厨师。

华为精神倡导"不让雷锋吃亏"，组织上怎么对待员工，员工就会怎么对待组织，小伙子养了两只狗，一只叫"收入"，另一只叫"回款"，有这样的员工，公司怎么能不成功。

智行解析

首先，一个成功企业的背后，会有一群人在默默耕耘，他们播种与收获，播种着希望，收获着梦想，公司的愿景实现了，个人的梦想也成就了，这是一个多么美妙的过程，可以说是人人向往的职场生活。

其次，任何梦想都需要个人的代价，小伙子付出了自己的青春和时间，经受着异国他乡的艰难和孤寂，最后连陪伴他的狗也成为提醒自己持续为公司提供价值的快乐存在。

最后，每个人都需要实现自己的价值，如果刚好有一个平台能让彼此成就，多么好啊！但话又说回来，公司的成长，个人价值的实现是绑在一起的，各自都需要有效付出，才能收获实现梦想的时刻。

纵横职场

要想自我实现，成就自己和公司，我们要从做事情中磨炼自己，成就自己，需做到以下几点。

（1）创业共同体

进入企业第一天开始，就摒弃自己是个打工者的思维，让自己和公司一起成为创业的利益共同体，一荣俱荣，一损俱损。很多人进入一家公司只想着自己付出的部分，我加班了，我劳动了，我出汗了，我流血了，毫无价值可言，你所谓的价值到底是给公司加分还是给公司减分都没有衡量标准，或者给多少钱干多少活，这些思维都会让你变得平庸。真正优秀的人，进入一家公司，先看看哪些事情可以做得更好，让公司运转效率更高，我能做些什么来改善它，让自己在现有条件下创造出非凡的价值。

（2）烧不死的鸟

烧不死的鸟，才是凤凰，人要想成就自己也是要付出一番努力的，开始时都是默默地干，悄悄地努力，选择一条平庸的道路，有多么的艰难可想而知。雷军在四十岁的时候创办小米，当时给自己四年时间。因为结果四年干不成，那么四十年也不行。小米能成功，雷军坦言是运气好，没有决策失误，很顺风顺水，这是罕见的，用任正非的话说："企业要死过三次才能成功。"

（3）保持危机感

无论是个人还是企业，保持危机感都可以让你自己的动力强劲，发现别人发现不了的价值点，让自己持续不断地突破自我，实现自身价值。通过组织的赋能来保持个人的活力。同时，高效能的职场精英时刻对自己的处境保持警觉，时刻运用敏锐的嗅觉，捕捉并创造着非凡的价值，帮助企业的同时成就自我。

（4）持续学习不断提升

你永远赚不到你认知以外的钱，即便是雷军这样的企业家，也是在四十岁创业的时候才有了对市场的新认知。创立小米时他说："我至少悟透了，努力的人，聪明的人多了去了，真正要做的是顺势而为。"可见，持续学习和提升认知的重要性，正所谓："频道不对，努力白费"，我们都要顺其情势，才能发挥出自己和团队最大的作用。

同时我们要保持年轻的心态与不断的学习，不是梦想属于年轻人，而是有梦想的人才是年轻人，作为职场效能精英，上有股东下有员工，各种烦心事，切记在埋头工作的时候，丢失自己的梦想，要让自己的"梦常在，年轻常存"。武侠大家金庸老先生84岁高龄还在考取剑桥博士学位，无论你成就如何，无论你年龄几何，都让自己保持一颗年轻的心和旺盛的求知欲。

「刻意练习」

职场中自我实现的三个问题："你想要什么？事实是什么？面对事实如何自我实现？"

实践训练一，_____

实践训练二，_____

实践训练三，_____

后记

- 今天是未来岁月中最美好的一天；

- 先做该做的，再做想做的，如果能把该做的变成想做的，全世界都是你的；

- 精进以做事为基础，律己以有恒为前提；

- 专注做事，如神辅之；

- 顾客苛刻的要求，是强大自己的起点；

- 此刻不做的事情，将来有机会也不会做；

- 仅凭现有的能力是无法解决高难度的问题的，要有勇气使用未来的能力；

- 任何时候先处理心情，再处理事情，在情绪波动的情况下，尽量不表达；

- 无条件付出的时间越长就能干越大的事业，不为钱工作，自然不缺钱。